essentials

essentials liefern aktuelles Wissen in konzentrierter Form. Die Essenz dessen, worauf es als „State-of-the-Art" in der gegenwärtigen Fachdiskussion oder in der Praxis ankommt. *essentials* informieren schnell, unkompliziert und verständlich

- als Einführung in ein aktuelles Thema aus Ihrem Fachgebiet
- als Einstieg in ein für Sie noch unbekanntes Themenfeld
- als Einblick, um zum Thema mitreden zu können

Die Bücher in elektronischer und gedruckter Form bringen das Expertenwissen von Springer-Fachautoren kompakt zur Darstellung. Sie sind besonders für die Nutzung als eBook auf Tablet-PCs, eBook-Readern und Smartphones geeignet. *essentials:* Wissensbausteine aus den Wirtschafts-, Sozial- und Geisteswissenschaften, aus Technik und Naturwissenschaften sowie aus Medizin, Psychologie und Gesundheitsberufen. Von renommierten Autoren aller Springer-Verlagsmarken.

Weitere Bände in der Reihe http://www.springer.com/series/13088

Detlef Stern

Agiles Studieren

Eine Einführung für Dozenten

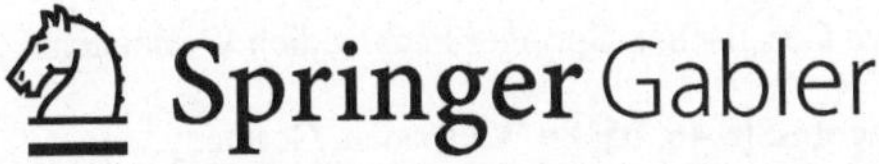

Detlef Stern
Hochschule Heilbronn
Heilbronn, Deutschland

ISSN 2197-6708   ISSN 2197-6716   (electronic)
essentials
ISBN 978-3-658-23364-8   ISBN 978-3-658-23365-5   (eBook)
https://doi.org/10.1007/978-3-658-23365-5

Die Deutsche Nationalbibliothek verzeichnet diese Publikation in der Deutschen Nationalbibliografie; detaillierte bibliografische Daten sind im Internet über http://dnb.d-nb.de abrufbar.

Was Sie in diesem *essential* finden können

- Eine Methode, wie Sie Ihre Vorlesungen in ein seminaristisches Gespräch transformieren können
- Zeitnahe Rückmeldungen für sich und Ihre Studenten nutzen
- Hinweise zur Planung und Durchführung der neuen Veranstaltungsform
- Tipps und Tricks für das Arbeiten mit agilen Methoden
- Studenten selbstwirksam werden lassen

Inhaltsverzeichnis

Einleitung 1

Lehren ist ein komplexer Vorgang. Als Dozent sollten Sie angemessene Lernziele festlegen, auf Basis der vermuteten Fähigkeiten der Lernenden. Je nach Umgebung bestimmen Sie die Form der Lehrveranstaltung, manchmal auch die Prüfungsform. Anschließend teilen Sie Ihre Lernziele in passende Lerneinheiten auf und überlegen sich, wie man die Lernziele gut prüfen kann.

Gerade in Grundlagenfächern nutzen Sie als Veranstaltungsform die Vorlesung, ggf. mit zeitnahen Übungen. Häufig wurde dies auch von anderen vorgegeben. Ihre Leistung als Dozent misst sich hauptsächlich durch eine angemessene Stoffauswahl, in Breite und Tiefe. Als Prüfungsform ist meist die Klausur vorgegeben. So weit, so üblich.

Mit Beginn des Semesters trifft Planung auf Realität, und zwar in Gestalt der Studenten. Deren Vorwissen ist unterschiedlich verteilt. Manche scheinen sich zu langweilen. Andere fühlen sich überfordert. Ob und wie eine Lehrveranstaltung auf Resonanz stößt, ist nicht leicht und oft nur spät zu erkennen. Soll man den Stoff für die Überforderten noch einmal wiederholen? Wie viele sind überfordert? Oder langweilt sich dann die Mehrheit? Von der Planung vor dem Semester bleibt einiges offen.

Natürlich ist dieses Szenario nur exemplarisch.

An Hochschulen herrschen unterschiedlichste Lern- und Lehrbedingungen. Eine Lehrveranstaltung mit mehr als 50 Studenten lässt sich nur schwer als Seminar oder Projekt durchführen. Da bleibt (fast) nur die Vorlesung als Lehrmuster übrig. Es macht zusätzlich einen großen Unterschied, ob Lehrveranstaltungen aufeinander aufbauen oder ob diese unabhängig voneinander stattfinden.

Trotzdem sollen die Teilnehmer der Lehrveranstaltung die Inhalte nicht nur passiv konsumieren. Qualifikationsziele für Absolventen sind, neben dem Fachwissen, auch Selbstständigkeit und die Fähigkeit aktiv zu lernen. Das Erleben von Selbstwirksamkeit motiviert jeden beim Studieren.

© Springer Fachmedien Wiesbaden GmbH, ein Teil von Springer Nature 2019   1
D. Stern, *Agiles Studieren*, essentials,
https://doi.org/10.1007/978-3-658-23365-5_1

1.1 Vorteile für Dozenten

Die in diesem *essential* beschriebene Methode des Agilen Studierens hilft Dozenten, auf die oben angedeuteten Unwägbarkeiten angemessen zu reagieren.

Agiles Studieren ist mit einer Vielzahl von Lehrveranstaltungsformen vereinbar. Bisher wurde Agiles Studieren meist anstelle von Vorlesungen/Übungen eingesetzt. Es kann aber auch in (angeleiteten) Seminaren, beim Blended Learning oder für ein berufsbegleitendes Studium verwendet werden. Neben dem Fachwissen werden Sozialkompetenzen gefördert. Agiles Studieren unterstützt die Sozialisation in den Hochschulalltag, gerade für Studenten im Grundstudium.

Einzige Einschränkung: pro Dozent sollten maximal 60 Teilnehmer die Veranstaltung besuchen. An Hochschulen für angewandte Wissenschaften trifft diese Bedingung häufig zu. Sofern der Dozent durch Lehrassistenten unterstützt wird, sind entsprechend mehr Teilnehmer möglich.

Kern des Agilen Studierens ist eine zeitnahe Rückmeldung zu Lernergebnissen. Die Rückmeldung erfolgt nicht erst spät, in einer benoteten Prüfung, sondern zeitnah mit der verbindlichen Kommunikation der Lernergebnisse. Ein Lernergebnis kann die Beantwortung einer (Lern-) Frage im engeren Sinn sein, oder auch die dokumentierte Bearbeitung einer Aufgabe.

Die Teilnehmer erarbeiten die Lernergebnisse in Gruppen. Bei einer Gruppengröße von maximal 6 Personen hat dies auch praktische Gründe. Kaum ein Dozent wird, bei gegebenem Zeitbudget, in der Lage sein, mit 60 Teilnehmern individuell zu kommunizieren. Die Kommunikation mit 10 Gruppen über vorab gruppenintern abgestimmte Lernergebnisse ist dagegen gut machbar.

1.2 Vorteile für Studenten

Die Zusammensetzung der Gruppen sollte in jeder Lehrveranstaltung während der Vorlesungszeiten stabil bleiben. Dies befähigt die Gruppenmitglieder personale Kompetenzen zu vertiefen.

Im Gegensatz zu vielen anderen Lehrveranstaltungsformen entscheidet die Gruppe über die Geschwindigkeit des Lernens, nicht der Dozent. Die Abgabe von Lernergebnissen ist freiwillig. Wenn eine Gruppe keine Rückmeldung des Dozenten benötigt, etwa weil das Wissen schon vorhanden ist, dann arbeitet die Gruppe einfach an anderen Lernergebnissen.

Bei einfacheren Lernergebnissen reicht es, wenn diese von einem Gruppenmitglied bearbeitet werden. Dann genügt auch eine einfache Information über das

Ergebnis an die anderen Mitglieder. Schwierige Aufgaben werden von mehreren oder allen Gruppenmitgliedern gemeinsam bearbeitet. Die Gruppe entscheidet selbst, was für sie einfach oder schwierig ist. Dank der zeitnahen Rückmeldung werden Fehleinschätzungen schnell korrigiert.

Anders als ein Fern- oder Onlinestudium nutzt das Agile Studieren die üblichen Präsenzzeiten. Gruppenmitglieder können Dozenten um Rat fragen. Dozenten geben dann (gruppenindividuell) Hinweise. Über die meist wöchentlichen Präsenzzeiten erreichen Studenten einen Arbeits- und Lernrhythmus, der hilft Aufschieberitis und Bulimielernen zu vermeiden.

Das Arbeiten in Gruppen führt immer wieder zu Konflikten, auch persönlicher Natur. Sobald sie davon Kenntnis erlangen können Dozenten als Moderatoren helfen, dass die Gruppenmitglieder ihre Probleme selbst lösen. Mit einiger Übung sind viele Gruppen schließlich in der Lage, vorausschauend mit Schwierigkeiten/ Herausforderungen in der Gruppe umzugehen. Diese Kompetenz wird explizit für Hochschulabschlüsse gefordert.

Studenten und ihre Gruppen können aufgabenspezifisch gefördert oder gefordert werden. Bei einer leistungsstärkeren Gruppe kann die Rückmeldung des Dozenten kritischer ausfallen, als bei einer leistungsschwächeren Gruppe. Somit passt sich das Lernen den Bedürfnissen an.

Was ist Agiles Studieren? 2

Der Begriff „agil" wurde, so wie er hier Verwendung findet, ursprünglich im Kontext der Entwicklung von Software aufgegriffen. Er soll einen Gegenpol zu der als unflexibel empfundenen, auf einem Projektplan konzentrierten Softwareentwicklung schaffen. Software ist, wie auch Wissen, nicht direkt materiell greifbar. Das Erstellen von Software ist daher schwer planbar, wie auch der Wissenserwerb. Schon das Formulieren der Anforderungen an Software ist alles andere als einfach, wie auch Anforderungen an Wissen (oder gar Bildung).

Beck et al. (2001) formulierten dazu das „Manifest für Agile Softwareentwicklung":

> Wir erschließen bessere Wege, Software zu entwickeln, indem wir es selbst tun und anderen dabei helfen. Durch diese Tätigkeit haben wir diese Werte zu schätzen gelernt:
>
> - Individuen und Interaktionen mehr als Prozesse und Werkzeuge
> - Funktionierende Software mehr als umfassende Dokumentation
> - Zusammenarbeit mit dem Kunden mehr als Vertragsverhandlung
> - Reagieren auf Veränderung mehr als das Befolgen eines Plans
>
> Das heißt, obwohl wir die Werte auf der rechten Seite wichtig finden, schätzen wir die Werte auf der linken Seite höher ein.

Idee des Agilen Studierens ist es, diese Werte auf die Lehre zu übertragen. „Prozesse und Werkzeuge" der Hochschullehre können zum Beispiel Veranstaltungsformen und Lernmanagementsysteme sein. Der „funktionierenden Software" entspricht in der Lehre erworbenes Wissen, Fähigkeiten, Kompetenzen. Zu „Dokumentation und Vertragsverhandlungen" passen Skripte, Unterlagen, Mitschriebe und Prüfungen.

© Springer Fachmedien Wiesbaden GmbH, ein Teil von Springer Nature 2019   5
D. Stern, *Agiles Studieren*, essentials,
https://doi.org/10.1007/978-3-658-23365-5_2

Als „Plan" gilt in der Hochschullehre zum Beispiel die Studien- und Prüfungs-
ordnung, das Modulhandbuch, aber auch die Stoffauswahl des Dozenten.

Das „Agile Manifest" basiert selbst auf 12 Prinzipien, die dieses zugleich
erläutern. Einige Prinzipien lassen sich nur in der Softwareentwicklung selbst
sinnvoll anwenden, andere lassen sich aber verallgemeinern. Auf Basis des
„Agilen Manifests" und seiner Prinzipien sind eine Reihe von Vorgehensmetho-
den für die agile Softwareentwicklung entstanden:

- *Scrum* (Schwaber und Sutherland 2018) basiert u. a. auf ineinander
  geschachtelten Iterationen, um möglichst früh Abweichungen von (Kunden-)
  Anforderungen zu entdecken und darauf zu reagieren.
- *Kanban* (Anderson 2003) stammt ursprünglich auf dem Produktions-
  management und ergänzt dessen Prinzipien um die Theory of Contraints,
  um das Erstellen von Softwarebestandteilen zu beschleunigen und für alle
  Beteiligten sichtbar zu machen.
- *Extreme Programming* (Beck 2004) stellt das Erstellen der Software in den
  Mittelpunkt und wendet dazu existierende Praktiken, zum Beispiel das paar-
  weise Programmieren, konsequent an.
- *Crystal* (Cockburn 2001) beschreibt eine ganze Familie von Vorgehensmetho-
  den, aus denen je nach Anzahl der Beteiligten und des Risikos eine konkrete
  Methode ausgewählt wird.

Diese vier Methoden bilden, in ihrer Ansammlung an verwendeten Praktiken,
eine Grundlage für ein agiles Vorgehen in der Hochschullehre. Es existieren noch
weitere Methoden, die aber weniger verbreitet sind und diese Praktiken anders
gewichten.

2.1   Was ist „agil"?

Bisher wurde der Begriff „agil" nur umschrieben: wann wurde dieser Begriff
warum verwendet, was sind „agile Werte", welche Prinzipien stehen hinter dem
„Agilen Manifest"? Eine allgemein akzeptierte präzise Beschreibung existiert
interessanterweise bis heute nicht. Das ist vermutlich auch Absicht, zum Beispiel aus Marketinggesichtspunkten. Jeder kann etwas (meist Positives) in diesen
Begriff hineininterpretieren.

Spätestens wenn man vergleichen möchte, kommt man um eine präzise
Beschreibung nicht herum. Ein angemessener Vorschlag stammt von (Philipp
2016), der den Begriff in vier Dimensionen aufteilt:

1. Wachsamkeit („Vigilance"), um Änderungen im Kontext zu erkennen,
2. Entschlossenheit („Decisiveness"), um sich (und andere) den erkannten Änderungen anzupassen,
3. Reaktionsvermögen („Reactivity"), um die Anpassung zeitnah durchzuführen,
4. Optimierung („Optimization"), um die Durchführung aller Dimensionen zu verbessern.

Diese vier Dimensionen vereinfachen die Übertragung des „Manifests für die Agile Softwareentwicklung" in die Hochschullehre.

2.2 Agile Didaktik

Eine agile Didaktik im engeren Sinne hat es schon immer gegeben, sie ist nur etwas in den Hintergrund gerückt. In einer guten Meister-Schüler-Beziehung gibt der Schüler sein Bestes, um dem Meister nachzueifern. Umgekehrt geht der Meister auf die (Lern-) Bedürfnisse seines Schülers ein und steuert damit Lerninhalte und -geschwindigkeit. Die Präsenz der beiden stellt eine weitere Qualität dar. Erfolge und Fehlschläge können sofort erkannt und rückgemeldet werden.

Natürlich ist es schwierig, solch eine Beziehung in der Hochschullehre zu verwirklichen. Es ist auch nicht ihr primäres Ziel. Selbst in Lehrveranstaltungen mit 20–40 Teilnehmern ist es für einen Dozenten nicht möglich, auf die Lernbedürfnisse jedes Einzelnen einzugehen. Umgekehrt hat in solchen Lehrveranstaltungen nicht jeder studentische Teilnehmer die Möglichkeit, sich direkt an den Dozenten zu wenden. Vielen fällt es auch schwer, dies vor Augen und Ohren der Kommilitonen zu tun.

Arn (2016, S. 21) illustriert eine (radikale) agile Didaktik, indem er sie mit der üblichen Plan-Didaktik in Beziehung setzt (s. Tab. 2.1).

Diese Sicht auf ein agiles Lehren (und Lernen) ist in ihrer Radikalität eingeschränkt praktikabel. Wenn getan werden muss, was der Moment gebietet, dann gestaltet sich eine ins Detail gehende Vorbereitung schwierig. Mehr noch, Unterlagen zur Vor- und Nachbereitung, sowie zur Unterstützung der Lehrveranstaltung sind kaum möglich.

Umgekehrt existiert auch eine Plan-Didaktik nicht in Reinform. Selbst bei einer Vorlesung mit hunderten Teilnehmern, wie sie leider immer mal wieder vorkommen muss, ist die Vorbereitung durchaus wichtig. Trotzdem wird ein guter Dozent auch in diesem Szenario situativ auf das Auditorium eingehen.

In diesem Sinne ist Agiles Studieren als agile Hochschullehre eine Didaktik des Übergangs, die zwischen den Extremen flexibel einsetzbar ist.

Tab. 2.1 Agile Didaktik in Beziehung zur Plan-Didaktik (Arn 2016, S. 21)

Agile Didaktik	Übergang	Plan-Didaktik
Die aktive Präsenz im Unterrichten steht im Zentrum	Präsenz im Unterrichten und Vorbereitung sind ähnlich zentral	Die Vorbereitung ist zentral
Die Vorbereitung steht im Dienst dieser Präsenz	Die Präsenz spielt souverän mit der Planung	Die Präsenz hat sich an den Plan zu halten
Zu tun ist, was der Moment gebietet	Mal hält man sich an den Moment, mal an den Plan	Zu tun ist, was die Planung gebietet

2.3 Agile Hochschullehre

Eine agile Hochschullehre kann nur erfolgreich sein, wenn Sie die Bedürfnisse aller Beteiligter mitsamt der Rahmenbedingungen berücksichtigt. Kurz gefasst möchten Sie als Dozent sicher sein, dass die Teilnehmer einer Lehrveranstaltung die definierten Lernziele erreichen und dabei bestimmtes Wissen, Fähigkeiten und Kompetenzen erwerben. Studenten möchten dies ebenfalls erwerben, fokussieren sich aber auch auf zu bestehende Prüfungen und möchten dort keine unliebsamen Überraschungen erleben.

Je nach Hochschulform und individueller Hochschule sehen sich Dozenten und Studenten diversen Einschränkungen konfrontiert. Studien- und Prüfungsordnungen geben Veranstaltungsform, Präsenzzeiten, Prüfungsform und -termine vor. Lehrdeputate sind zu leisten, Studenten sollten im Durchschnitt einen definierten Workload erbringen.

Dazu kommen traditionelle Verhaltensmuster. Eine klassische Vorlesung ist für alle Beteiligten eine relativ angenehme Veranstaltungsform, zumindest bis zur Prüfung. Als Dozent kennen Sie Ihre Inhalte und wissen, wie Sie diese präsentieren. Studenten bekommen umgekehrt Inhalte hübsch vorgestellt und sind für den Moment überzeugt, alles verstanden zu haben. Es fällt nicht groß auf, wenn die Gedanken abschweifen (oder, im Extremfall, man nicht zur Vorlesung erscheint).

Eine alternative Veranstaltungsform hat es schwer. Zum Beispiel fordert nicht nur *Flipped Classroom* von den Teilnehmern eine Abkehr von gewohnten Abläufen. Teilnehmer bereiten den Präsenztermin nicht primär nach, sondern sie müssen ihn vorbereiten, um während des Präsenztermins Fragen an den Dozenten zu stellen. Wer sich nicht auf den Präsenztermin vorbereitet, kann den Präsenztermin kaum wahrnehmen. Dabei kann es zu einer negativen Rückkopplung kommen: wenig Vorbereitung führt zu simplen Fragen, diese führen zu wenig

ergiebigen Präsenzveranstaltungen, diese zu geringer Teilnahme und abschlie-
ßend zu noch geringerer Vorbereitung.[1]

Im Sinne eines agilen Vorgehens müssen alle Beteiligten

1. Lernerfolge und -fehlschläge zeitnah erkennen und sichtbar machen,
2. notwendige Anpassungen ansprechen,
3. Anpassungen zügig durchführen,
4. diesen Prozess der Wachsamkeit, Entschlossenheit und des Reaktionsver-
   mögens immer wieder verbessern.

2.4 Basisvariante

Die Ausgangsversion für das Agile Studieren basiert auf einem stark ver-
einfachten Scrum-Modell. Die Teilnehmer bilden studentische Gruppen, die
Studiengruppen. Aus einem vom Dozenten erstellten Bestand wählen sich die
Studiengruppen einzelne **Studienthemen** zur Bearbeitung heraus. Der Dozent
bewertet deren **Lösungsvorschläge** zeitnah und gibt den Studiengruppen
angemessene **Rückmeldungen.** Die Studiengruppen integrieren diese Rückmeldungen in die Auswahl und Bearbeitung weiterer Studienthemen. Teil der
Rückmeldungen und der Integration sind gemeinsame Präsenztermine. Dadurch
ergibt sich ein zyklischer Ablauf mit positiver Rückkopplung. Jeder Zyklus wird
im Kontext des Agilen Studierens auch **Studienphase** genannt.

Abb. 2.1 illustriert dieses Vorgehen.

Kern des Agilen Studierens ist damit die gemeinsame Bearbeitung von
Studienthemen in einer Studiengruppe und die regelmäßige Rückmeldung durch
Dozenten.

Jede Studiengruppe entscheidet selbstständig, wie sie Studienthemen
bearbeiten möchte. Bei einfachen Studienthemen kann eine Studiengruppe zum
Beispiel entscheiden, dass nur ein Gruppenmitglied für die Bearbeitung zuständig
ist und später die anderen Mitglieder informiert werden. Ein als kritisch identi-
fiziertes Studienthema wird von der Studiengruppe gemeinsam bearbeitet, entweder zeit- und ortsgleich oder mit abschließender Ergebnisfindung. Ebenso sind

---

[1]Dies soll keine Kritik an dem Konzept des *Flipped Classrooms* an sich sein, sondern die
Schwierigkeiten mit neuen Lehr- und Lernformen im Kontext tradierter Verhaltensmuster
aufzeigen. Es gibt einige Beispiele erfolgreicher Anwendung von *Flipped Classroom.*

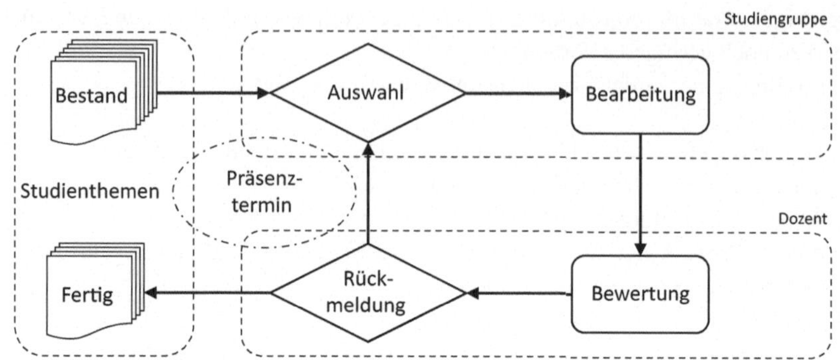

Abb. 2.1 Basisvariante

Mischformen möglich, etwa durch Paarbildung für eine bestimme Kategorie von Studienthemen.

Zu Beginn wird die Entscheidung, wer wie ein Studienthema bearbeitet, öfter mal wenig angemessen sein. Der Studiengruppe fehlt die dazu notwendige Erfahrung, auch weil sich die Gruppenmitglieder erst kennenlernen müssen. Dies ist selten problematisch, da die Studiengruppe durch den Dozenten regelmäßig Rückmeldung bekommt und entsprechend reagieren kann.

Bewertet der Dozent einen Lösungsvorschlag als „unangemessen bearbeitet", so sollten andere Gruppenmitglieder um Hilfe zu gebeten werden. Ein übererfüllter Lösungsvorschlag kann umgekehrt ein Indiz sein, dass ein Studienthema auch von weniger Gruppenmitgliedern bearbeitet werden kann. Da die Studiengruppe weiß, wie viele Studienthemen sie schon bearbeitet hat und wie viele noch zu bearbeiten sind, erhält sie zusätzlich eine Rückmeldung über ihr **Lerntempo.** Der Bestand an Studienthemen ist zu Beginn allen bekannt und sollte sich anschließend nicht mehr ändern.

Damit Sie als Dozent fokussiert inhaltliche Rückmeldungen über Lösungsvorschläge geben können, sollten Sie vorab Bewertungskriterien festlegen und dokumentieren. Das sind zum einen inhaltliche Kriterien, separat für jedes Studienthema. Zum anderen wird es auch themenübergreifende, formale Akzeptanzkriterien geben. Ein Beispiel wäre die Forderung, dass jeder Lösungsvorschlag vor der Abgabe gruppenintern abgestimmt sein muss, indem die Mehrheit der Gruppenmitglieder diesem Vorschlag explizit zustimmt. Andere Beispiele sind die notwendige Angabe von verwendeten Quellen in definierter Güte oder die Verwendung bestimmter Datenformate zur elektronischen Abgabe.

Während der **Präsenztermine** können Sie Ihre Rückmeldungen vertiefend erläutern und von Ihnen erkannte (Fehl-) Muster explizit ansprechen. Durch die Präsenztermine unterscheidet sich Agiles Studieren von einem Fernstudium: Sie und die Mitglieder der Studiengruppen können sich zeitnah und regelmäßig über Lernerfolge und -probleme austauschen. Das betrifft das Lernen von fachlichen Aspekten, aber auch Herausforderungen durch die innere Dynamik der Studiengruppen auf einer sozialen Ebene.

Soweit zur Basisvariante des Agilen Studierens. In den folgenden Abschnitten wird diese anwendungsgerecht ausgebaut:

- Wie erstellt man einen Bestand an Studienthemen?
- Wie werden Studiengruppen gebildet?
- Wie dokumentieren Studiengruppen ihre Lösungsvorschläge?
- Wie werden Lösungsvorschläge mitsamt Bewertungen aufwandsarm verwaltet?
- Welches Intervall sollte für Rückmeldungen gewählt werden?
- Nach welchem Schema sollten Rückmeldungen gegeben werden?
- Wie werden Präsenztermine gestaltet, wann finden diese statt?

2.5 Studienthemen

Den ersten Schritt zur Erstellung von Studienthemen haben Sie schon getan, indem Sie Ihre ursprüngliche Lehrveranstaltung vorbereitet haben. Sie haben eine in Breite und Tiefe angemessene Stoffauswahl vorgenommen. Auf Basis von Lernzielen haben Sie Lerneinheiten definiert und die zu unterrichtenden Inhalte weiter strukturiert. All dies können Sie für Ihre Studienthemen weiter verwenden.[2]

Aus den Vorlesungsunterlagen können Sie Studienthemen ableiten, indem Sie Lernfragen oder Lernaufgaben formulieren und diese mit notwendigen Informationen anreichern:

- eindeutiger **Titel,** um das Studienthema prägnant zu bezeichnen,
- ggf. eine eindeutige **Nummer,** um das Studienthema leichter referenzieren zu können,
- detaillierte **Beschreibung** der eigentlichen Aufgabe, aus der hervorgeht, welche Lernergebnisse Sie fordern,

---

[2]Ich selbst hatte im ersten Schritt sogar meine Vorlesungsunterlagen unverändert gelassen und darauf in den Studienthemen lediglich verwiesen.

- inhaltliche **Kriterien** für eine positive Bewertung,
- zu verwendende **Quellenverweise,** um den Studiengruppen einen Kontext zu geben (zum Beispiel Referenz auf Ihre Vorlesungsunterlagen),
- eine **Kategorisierung,** um der Studiengruppe die Auswahl der zu bearbeitenden Studienthemen zu erleichtern,
- ggf. eine Angabe des von Ihnen vermuteten **Schwierigkeitsgrades,** aus den gleichen Gründen,
- ggf. vorher oder später zu bearbeitende Studienthemen, um auf eine inhaltliche **Reihenfolge** hinzuweisen,
- formale **Akzeptanzkriterien,** zum Beispiel Anzahl der Gruppenmitglieder, die einem Lösungsvorschlag zustimmen müssen, oder ein zu verwendendes Dateiformat für die elektronische Abgabe.

Für ein Fach *Projektmanagement* könnte ein Studienthema beispielhaft wie in Tab. 2.2 aufgeführt formuliert werden.

Ich habe es mir zur Gewohnheit gemacht, den Titel eines Studienthemas in der Ich-Form aus Sicht der Studenten zu formulieren. Gleichzeitig verwende ich bestimmte Verben, um schon im Titel auf die erwarteten Lernergebnisse hinzuweisen. *Definieren* bedeutet beispielweise, die Angabe einer bestimmten Wortfolge;

Tab. 2.2 Studienthema für ein Fach *Projektmanagement*

Nummer	PM-18
Titel	Ich definiere den Begriff *Stakeholder* und benenne typische Stakeholder eines Projekts
Beschreibung	Recherchieren Sie mindestens zwei Definitionen und listen Sie mindestens 5 Stakeholder unterschiedlicher Kategorien auf
Kriterien (inhaltlich)	Geben Sie die Quellen für die Definitionen an, aber keine Internet-Quellen!
Quellenangabe	Foliensatz PM-01, Folie 35 ff.
Kategorie	Definition, Grundlagen
Schwierigkeit	Leicht, Grundlagenwissen
Reihenfolge	Sollte vor PM-69 („Ich erstelle eine RACI-Matrix") bearbeitet werden
Akzeptanzkriterien (formal)	Mindestens die Hälfte der Gruppenmitglieder muss dokumentiert zustimmen; Abgabe im Textformat (*.txt), nicht als Office-Dokument!

Benennen signalisiert den Studiengruppen, dass die Angabe der Namen völlig ausreicht und sie diese nicht erläutern müssen. Damit diese Verben, wie auch manch andere allgemeine Akzeptanzkriterien explizit verstanden sind, formuliere ich weitere (Meta-) Studienthemen. Ein Beispiel findet sich in Tab. 2.3.

Jede Studiengruppe entscheidet selbst, wann welches Studienthema bearbeitet wird. In der Praxis gibt es immer wieder Studiengruppen, welche diese Meta-Studienthemen sehr spät oder gar nicht bearbeiten wollen. Ein möglicher Grund ist eine vermutete Kompetenz auf diesem Gebiet. Entdecke ich bei der Bewertung eines fachlichen Studienthemas, dass diese Meta-Studienthemen offensichtlich nicht verstanden wurden, dann kann ich die Studiengruppe auf diese Erkenntnis hinweisen und als Akzeptanzkriterium fordern, dass die Studiengruppe diese Meta-Studienthemen vorab bearbeiten muss.

Tab. 2.3 (Meta-) Studienthemen

Nummer	PM-1
Titel	Ich verstehe die Bedeutung der Verben zum Thema *Agiles Studieren*
Beschreibung	Nach der sog. *Lernzieltaxonomie* von Benjamin Bloom gibt es 6 aufeinander aufbauende Arten von Lernzielen (längerer Text folgt)
Kriterien (inhaltlich)	Zu jeder Art von Lernzielen sind typische Verben angegeben. Im Sinne dieser Lernziele haben Sie dieses Studienthema dann bearbeitet, wenn Sie die 6 Lernziele verstehen (Stufe 2), diese selbst in Beziehung gesetzt haben und begründen, warum diese aufeinander aufbauen. Versuchen Sie dazu im Web auf entsprechenden Seiten die relevanten Informationen zu recherchieren
Quellenangabe	(Recherchieren Sie selbst)
Kategorie	Meta
Schwierigkeit	Mittel
Reihenfolge	Sollte vor allen anderen Studienthemen bearbeitet werden
Akzeptanzkriterien (formal)	Alle Gruppenmitglieder müssen dokumentiert zustimmen

2.6　Studiengruppen

Agiles Studieren findet in drei Umgebungen statt:

1. Bearbeitung der Studienthemen in den Studiengruppen, ohne direkte Beteiligung des Dozenten,
2. Bewertung der Lösungsvorschläge durch den Dozenten, ohne direkte Beteiligung der Studiengruppen,
3. Gemeinsame Präsenztermine.

Die beiden letzten Umgebungen sind Studenten und Dozenten aus den üblichen Lehrveranstaltungsformen bekannt. Das Arbeiten in Studiengruppen stellt Studenten häufig vor neue Herausforderungen.

2.6.1　Gruppenbildung

Eine gute Gruppenbildung ist ein Erfolgsfaktor für jede Art der Arbeit in Gruppen, also auch beim Agilen Studieren. Wie sollen also die Studiengruppen gebildet werden?

Diese Aufgabe ist häufiger untersucht worden, wenn auch in anderen Kontexten. Die Mitglieder einer Gruppe sollten sich in ihren Fähigkeiten und Eigenschaften ergänzen. Eine Gruppe, die nur aus qualitätsbewussten oder nur aus analytisch veranlagten Mitgliedern besteht, wird ebenso wenig vorankommen, wie eine Gruppe, in sich nur Mitglieder befinden, die gut koordinieren können.

Problematisch ist dabei, dass man als Dozent die Studenten meistens nicht so gut kennt. Die Studenten kennen sich untereinander auch nur teilweise. Ohne weitere Kenntnisse und Hilfsmittel gibt es in der praktischen Anwendung zwei Möglichkeiten der Gruppenbildung:

1. Die Studenten suchen sich ihre Studiengruppen selbst,
2. Dozenten bilden Studiengruppen, zum Beispiel per Abzählen oder Zufallszuordnung.

In (Lodhi 2017) wurden diese Möglichkeiten untersucht. Beide eignen sich gleich gut, bzw. gleich schlecht. Bilden Studenten ihre Gruppen[3] selbst, so sind zwei Szenarien zu beobachten:

- Kennen sich Studenten aus anderen Veranstaltungen, dann werden relativ homogene Gruppen gebildet.
- Kennen sie sich nicht so gut, zum Beispiel bei Erstsemestern, dann bilden sich Gruppen aus nahe beieinander sitzenden Mitgliedern.

Gruppen, deren Mitglieder sich schon vorher kannten, zeigen meist einen guten Bearbeitungsprozess zu den Studienthemen, aber mit durchwachsenen Ergebnissen. Ersteres ist erklärbar durch eine schon durchgeführte Teambildung und ähnliche Motivation der Mitglieder. Homogene Gruppen scheitern meist bei der Bearbeitung von komplexeren Studienthemen, da das Denken der Mitglieder zu ähnlich ist.

Gruppen, deren Mitglieder sich vorher noch nicht kannten, müssen erst einmal zu einem Team[4] werden. Das benötigt Zeit. Zu Beginn werden solche Gruppen typischerweise unterdurchschnittlich viele Themen[5] bearbeiten oder die Ergebnisse dieser Bearbeitung werden Wünsche übrig lassen. Darauf sollte man als Dozent bei den Rückmeldungen Rücksicht nehmen.

Gruppen vergleichen sich auch untereinander, berücksichtigen aber selten, dass bei einigen die Teambildung einfacher war oder schon vorher stattgefunden hat. Das kann dann bei manchen Gruppen zu Frustrationen führen, die sich auf Motivation und Ergebnisse auswirken.

Bildet man dagegen als Dozent die Studiengruppen, dann kennen sich deren Mitglieder tendenziell ebenfalls noch nicht. Dies betrifft nun aber wirklich alle Gruppen, sodass sich diese besser vergleichen können. Gegen die Gruppenbildung durch den Dozenten spricht wiederum, dass die Teambildung häufiger scheitert.

In (Lodhi 2017) wird vorgeschlagen, die Gruppenbildung auf Basis eines (Persönlichkeits-) Tests durchzuführen. Erste Erfahrungen sind positiv, aber noch nicht validiert. Nehmen mehr als 20 Teilnehmer am Agilen Studieren teil, dann kann die Auswertung viel Zeit in Anspruch nehmen, besonders wenn keine entsprechende Softwareunterstützung vorhanden ist.

---

[3]Der kürzeren Form wegen verwende ich die Begriffe *Studiengruppe* und *Gruppe* ab jetzt synonym.

[4]Im Sinne von: **T**ogether **e**veryone **a**chieves **m**ore.

[5]Auch hier: *Studienthema* und *Thema* verwende ich synonym.

2.6.2 Gruppengröße

Im Unterschied zur Gruppenbildung selbst, ist es recht einfach eine gute Gruppengröße anzugeben. Ist die Gruppe zu klein, dann bietet das Arbeiten in Gruppen den Teilnehmern wenige Vorteile. Ist sie zu groß, dann wird der Koordinationsaufwand innerhalb der Gruppe zu umfangreich und zusätzlich distanzieren sich einzelne von der Arbeit in der Gruppe.

Effektiv sollte die Studiengruppe aus 4–7 Mitgliedern bestehen. Dabei ist eine Größe von 6 Mitgliedern anzustreben. Bei dieser Größe ist ein hohes problemorientiertes Kreativitätspotenzial vorhanden; die Gruppe kann sich ohne großen Zeitverlust abstimmen. Schon bei 8 Mitgliedern wird die Zusammenarbeit schnell kritisch.

2.7 Präsenztermine

Durch regelmäßige, idealerweise wöchentliche Präsenztermine bekommen die Lernprozesse rund um das Agile Studieren einen gewissen Rhythmus, der das Bearbeiten der Studienthemen erleichtert. Zusätzlich können während der Präsenztermine Schwierigkeiten bei der Bearbeitung besprochen werden. Weiterhin ist es möglich, Impulse zu setzen, zum Beispiel durch Kurzpräsentationen oder Übersichten. Alle Beteiligten können problematische Aspekte aus den Rückmeldungen gut ansprechen.

Es mag aus Sicht eines Dozenten unproblematisch sein, Präsenztermine ausfallen zu lassen. Besonders nach den ersten Wochen, wenn sich alles eingeschwungen hat, treten weniger Probleme zutage, wie auch immer mal wieder die Teilnahme der Gruppen geringer wird. Trotzdem sollten Sie die Präsenztermine regelmäßig stattfinden lassen und nicht mehrere Termine zu einem zusammenfassen. Ansonsten geht der Vorteil der zügigen Rückmeldung verloren und die Bearbeitung der Themen verliert an Rhythmus.

2.8 Rückmeldungen

Mithilfe der Rückmeldungen geben Sie den Teilnehmern Ihrer Lehrveranstaltung Hinweise zur Qualität der bearbeiteten Studienthemen. Gerade **zeitnahe** Rückmeldungen machen das Agile Studieren aus. Nur durch Ihre Rückmeldungen können (Lern-) Irrtümer erkannt und abgestellt werden.

Natürlich benötigt das Analysieren der bearbeiteten Themen, wie auch das Formulieren der Rückmeldungen einen nicht-negierbaren Aufwand. Trotzdem sollte der zeitliche Aufwand für das Agile Studieren aus Sicht eines Dozenten in etwa vergleichbar zu dem einer Vorlesung sein. Rückmeldungen sollten also nicht zu häufig gegeben werden, damit der Arbeitsaufwand praktikabel bleibt.

Die Häufigkeit der Rückmeldungen hängt auch von der Anzahl und dem Umfang der Studienthemen ab, wie auch von Ihren (Akzeptanz-) Kriterien für angemessene Lösungsvorschläge. Sie haben als Dozent selbst Erfahrungen hierzu, nämlich bei der Erstellung von Lerneinheiten und von Prüfungsaufgaben. Entsprechend können Sie selbst grob abschätzen, wie viel Aufwand Sie zur Bewertung eines Lösungsvorschlages und zur Formulierung der Rückmeldung benötigen.

Bei Vorlesungszeiten im Umfang von 12–16 Wochen pro Semester sollte es mindestens vier, eher fünf Termine geben, zu denen man den Studiengruppen eine Rückmeldung gibt. Damit ergibt sich die gleiche Anzahl an Studienphasen. Dies entspricht einer Rückmeldung spätestens alle 3 Wochen. Aus den gleichen Gründen wie bei den Präsenzterminen, sollten Sie die Rückmeldung ebenfalls regelmäßig geben. Idealerweise erhalten die Gruppen diese kurz vor einem Präsenztermin, sodass Aspekte daraus besprochen werden können.

Aus der Dauer der Vorlesungszeit, geteilt durch die Anzahl der Rückmeldungstermine, errechnet sich die Dauer einer Studienphase. Dies ist damit die Dauer einer Iteration, bestehend aus einem Impuls des Dozenten, der Planung, der Bearbeitung der Studienthemen bis zur Rückmeldung. Diese sollte, wie oben angegeben, 3 Wochen nicht überschreiten. Als guter Ausgangswert gelten 2 Wochen.

In meinem eigenen Kontext dauern die Vorlesungszeiten 14 oder 15 Wochen. Ich hatte zunächst alle 2 Wochen eine Rückmeldung gegeben. Durch geeignete Softwareunterstützung könnte ich inzwischen jede Woche Rückmeldung geben, und das bei vertretbarem Aufwand. Trotzdem bespreche ich mit den Teilnehmern, wie schnell diese meine Rückmeldungen überhaupt in ihre Lernprozesse integrieren können, damit ich sie nicht überfordere. Dann bleibe ich bei 2 Wochen.

▶ Regelmäßige Präsenztermine und regelmäßige, zeitnahe Rückmeldungen!

2.9 Bewertungsschema

Ähnlich wie ein Studienthema sollte auch Ihre Rückmeldung strukturiert formuliert werden. Bewährt hat sich eine Zweiteilung in eine Allgemeinbewertung und in ggf. notwendige Detailerklärungen.

Die Allgemeinbewertung gibt den Studiengruppen Auskunft, ob der Lösungsvorschlag vollständig, teilweise oder unzureichend bearbeitet wurde und ob die Studiengruppe den Lösungsvorschlag überarbeiten sollte. Ein Notenschlüssel böte sich theoretisch an. Zum Beispiel könnte eine Note von 4 oder schlechter signalisieren, den Lösungsvorschlag zu überarbeiten.

Ein Notenschlüssel ist allerdings in der Praxis problematisch. In Noten wird seitens der Studenten viel hineininterpretiert. Zum Beispiel werden dann gerne Notendurchschnitte gebildet, auch um die Note der abschließenden Prüfung „vorherzusagen". Mit einer anderen Allgemeinbewertung vermeidet man solche Irritationen:

- Thema wurde ausreichend angemessen bearbeitet,
- Thema wurde nur teilweise angemessen bearbeitet, aber noch ausreichend,
- Thema wurde kaum angemessen bearbeitet, nicht mehr ausreichend,
- Thema wurde nicht angemessen und nicht ausreichend bearbeitet.[6]

Dabei bedeutet *ausreichend,* dass der Lösungsvorschlag nicht überarbeitet werden muss (aber kann, wenn die Studiengruppe es entscheidet).

Wurde das Thema durch den Lösungsvorschlag ausreichend angemessen bearbeitet, ist meistens keine Detailerklärung notwendig, wohl aber bei den anderen Allgemeinbewertungen. Die Formulierung Ihrer Detailbewertung bleibt Ihnen freigestellt. Idealerweise geben Sie aber nur Hinweise, keine Musterlösung, wie eine ausreichend angemessene Bearbeitung aussehen kann. Nicht eingehaltene Akzeptanzkriterien, wie zum Beispiel unangemessene Quellen, sollten Sie in der Detailerklärung direkt angeben.

2.10 Verwaltung der Themen und Rückmeldungen

Bei allem ist bisher offen geblieben, wie Studiengruppen ihre Lösungsvorschläge dokumentieren, wie Sie als Dozent diese Vorschläge erhalten, wie Sie dazu Rückmeldungen erstellen und diese den Studiengruppen übermitteln.

Agiles Studieren gibt keine Lösungen hierzu vor, ist also diesbezüglich neutral. Wenn Sie Agiles Studieren einsetzen möchten, dann müssen Sie dies im Kontext Ihrer (Lehr-) Umgebung gestalten.

---

[6]Wer möchte, kann diesen vier Bewertungen die Noten 1–2, 2–3, 4 und 5 zuordnen.

Im einfachsten Fall nutzen Sie Papier als Medium. Idealerweise drucken Sie ein Studienthema, mit Platz für den Lösungsvorschlag, auf ein Blatt Papier und vervielfältigen Sie es für jede Gruppe. Der Bestand an Studienthemen wird dann durch einen Ordner mit Themenzetteln realisiert. Jede Gruppe bearbeitet die Themen, wie sie es für angemessen hält und gibt die Lösungsvorschläge in Papierform ab. Sie bewerten diese, formulieren Rückmeldungen auf demselben Papier und geben es dann der Gruppe zurück. Diese Art ist durchaus geeignet, um niederschwellig mit dem Format des Agilen Studierens zu experimentieren und wenn für das Bearbeiten der Themen gemeinsame Räumlichkeiten verwendet werden können.

In manchen Umgebungen eignen sich ggf. schon vorhandene Lernplattformen, sofern diese ein gruppenweises Bearbeiten von Aufgaben anbieten. Sie formulieren dann die Studienthemen als Aufgabe und weisen Aufgaben den Gruppen zu. Je nach Plattform müssen Sie ggf. gemeinsame Konventionen erarbeiten, damit Sie und die Mitglieder jeder Gruppe den Bearbeitungsstand einer Aufgabe erkennen können:

- Aufgabe ist bisher nicht bearbeitet,
- Bearbeitung wurde begonnen,
- Bearbeitung wurde abgeschlossen, aber Gruppenmitglieder müssen noch dem Lösungsvorschlag zustimmen,
- Lösungsvorschlag kann vom Dozenten bewertet werden,
- Rückmeldung für den Lösungsvorschlag liegt vor.

Sie müssen ggf. auch Verabredungen treffen, damit ein Lösungsvorschlag während Ihrer Bewertung nicht mehr durch die Gruppe geändert wird. Das hängt ebenfalls von der Ihnen zur Verfügung stehenden Lernplattform ab. Diese Verabredungen funktionieren üblicherweise ganz gut.

Eine Alternative zu den Plattformen können sog. *Issue-Tracking-Systeme* sein, manchmal auch *Task-Tracking-Systeme* genannt. Diese werden normalerweise in der Realisierung von Software verwendet, auch beim Projektmanagement, sowie um (Kunden-) Anfrage zu verwalten. Die zentralen IT-Einrichtungen an Hochschulen nutzen solche Systeme ebenfalls. Mit diesen Systemen lassen sich auch Arbeitsabläufe definieren, mit denen Sie notwendige Verabredungen der Lernplattform vermeiden können. Studienthemen werden dann als Aufgabe (oder: *Issue/Task*) formuliert. Das System zeichnet auf, wer wann was getan hat. Natürlich unter Berücksichtigung des Datenschutzes. Voraussetzung ist aber, dass ein solches System es erlaubt, Aufgaben zu duplizieren, damit diese jeder Gruppe parallel zugewiesen werden können[7].

Zu guter Letzt habe ich selbst eine web-basierte Software unter einer Open-Source-Lizenz realisiert, die speziell auf die Bedürfnisse des Agilen Studierens angepasst ist. Seit dem Wintersemester 2017/8 ist diese im Einsatz und wird kontinuierlich weiterentwickelt. Die Software bietet, neben der Verwaltung von Aufgaben und Rückmeldungen, kleine Arbeitserleichterungen besonders für Dozenten, sowie Statistiken und Visualisierungen. Damit werden zum Beispiel den Gruppen und ihren Mitgliedern die Lernleistungen transparenter gemacht. Rückmeldungen können besser nachvollzogen werden.

Mithilfe dieser Software konnten meine Kollegen und ich die Bearbeitungszeit für einen Lösungsvorschlag (Bewertung und Rückmeldung) auf durchschnittlich ca. 1 min reduzieren, bei mindestens gleicher Qualität. Es bliebe zu klären, ob die Software auch in Ihrem Kontext einsetzbar wäre. Weitere Informationen finden Sie auf der Webseite zum Agilen Studieren unter https://agiles-studieren.de.

---

[7]Der normale Anwendungsfall für solche Systeme ist es, dass jede Aufgabe nur einmal bearbeitet wird.

Integration in die eigene Lehre 3

Das Besondere am agilen Vorgehen ist das Fehlen von rezeptartigen Vorgaben. Jede Arbeits-/Lern-/Lehrumgebung unterscheidet sich von anderen. Was bei Ihnen gut funktioniert, das muss bei Kollegen nicht erfolgreich sein. Deshalb ist es Ihre Aufgabe als Dozent, Agiles Studieren in Ihren eigenen Kontext zu integrieren. Hierzu soll dieses Kapitel einige Anregungen geben.

3.1 Voraussetzungen

Ich gehe im Folgenden davon aus, dass Sie Agiles Studieren anstelle einer (seminaristischen) Vorlesung ab dem zweiten Studiensemester verwenden möchten. Bisher besuchen nicht mehr als 60 Studenten Ihre Vorlesung. Die Inhalte Ihrer Vorlesung besitzen nicht zu viele innere Abhängigkeiten.

Warum ab dem zweiten Studiensemester? Agiles Studieren ist prinzipiell auch für das erste Studiensemester geeignet. Die Studenten haben sich mit Beginn des zweiten Studiensemesters schon erste Prozesse des Studierens angeeignet und sind mit den Abläufen einer Hochschule grob vertraut. Da auch Sie als Dozent mit dem Agilen Studieren beginnen und Erfahrungen sammeln möchten, vermindern Sie so einen Unsicherheitsfaktor. Mit etwas Erfahrung nutzen Sie später Agiles Studieren auch im ersten Studiensemester.

Warum nicht mehr als 60 Teilnehmer? Bei einer optimalen Gruppengröße von 6 Mitgliedern bewerten Sie so von maximal 10 Studiengruppen die Lösungsvorschläge und geben diesen Rückmeldungen. Das ist die obere Grenze, um den Arbeitsaufwand vergleichbar zu einer Vorlesung zu halten. Sollten mehr als 60 Studenten an Ihren Vorlesungen teilnehmen, können Lehrassistenten für jeweils 8–10 Gruppen zuständig sein. Aber auch hier gilt: sammeln Sie erst Erfahrungen mit einer geringeren Teilnehmerzahl und skalieren Sie später.

© Springer Fachmedien Wiesbaden GmbH, ein Teil von Springer Nature 2019   21
D. Stern, *Agiles Studieren*, essentials,
https://doi.org/10.1007/978-3-658-23365-5_3

Warum sollten die Inhalte nicht zu viele innere Abhängigkeiten aufweisen? Wenn die Inhalte, also Studienthemen, zu sehr voneinander abhängen, dann erschwert dies das Arbeiten in der Studiengruppe. Wenn die Gruppenmitglieder die Arbeit unter sich aufteilen, dann müssen sie zusätzlich auf diese Abhängigkeiten achten. Sonst werden Themen nicht angemessen bearbeitet, weil die Bearbeitung der vorausgesetzten Themen nicht erfolgreich war. In der Folge müsste jedes Gruppenmitglied (fast) jedes Thema selbst bearbeiten, ein wesentlicher Vorteil der Gruppenarbeit (aus studentischer Sicht) wäre dahin. Auch hier gilt: mit etwas Erfahrung können Sie auch bei Fächern mit vielen Abhängigkeiten das Agile Studieren nutzen.

Vorgehen
1. Themenschätzung
2. Grobplanung
3. Kommunikationsdesign
4. Präsenztermine
5. Feedback

3.2 Themenschätzung

Im ersten Schritt sollten Sie Ihre bisherigen Unterlagen zur Vorlesung durchgehen und abschätzen, wie viele Studienthemen Sie erstellen möchten. Dabei hilft es, sich die Ziele der Lehrveranstaltung, die Ziele der jeweiligen Lerneinheit, wie auch Einzelziele zum Inhalt zu vergegenwärtigen. Häufig ist sogar ein solches Einzelziel auf einer oder mehrerer Präsentationsfolien implizit dokumentiert.

Ich selbst bin dazu meine Präsentationsunterlagen durchgegangen und habe versucht, Fragen und Aufgaben grob zu formulieren. Diese habe ich gezählt. Sofern die Vorlesung mit einer eigenen Prüfung abschließt, ist es zusätzlich nützlich, die unterschiedlichen Prüfungsfragen und -aufgaben zu zählen.

Schätzen Sie die Zahl der Studienthemen auf unter 25, so kann es sein, dass Sie zu große Lernziele ermittelt haben. Warum 25? Bei einer angenommenen Gruppengröße von 6 Mitgliedern sollte im Mittel jedes Gruppenmitglied mindestens eine Aufgabe vor einer Rückmeldung bearbeitet haben. Bei mindestens 4 Rückmeldungen pro Semester ergibt das mindestens 24 Studienthemen. Planen Sie eine Gruppengröße von 5 Mitgliedern, so wären es mindestens 20 Studienthemen. Gruppen mit weniger als 5 Mitgliedern sollten Sie nur in Ausnahmefällen bilden.

In den meisten Fällen werden Sie weniger als 150 Studienthemen schätzen. Mehr als geschätzte 150 Studienthemen weisen auf zu feingranulare Lernziele hin, oder auf eine sehr umfangreiche Vorlesung. Bei einer Vorlesungsdauer von 15 Wochen bedeuten 150 Studienthemen, dass Ihre Vorlesungsteilnehmer pro Woche 10 wichtige Themen lernen müssen. Gibt es keine anderen Lehrveranstaltungen kann das in Ordnung sein.

Bei Veranstaltungen für die ersten Studiensemester werden Sie wahrscheinlich mehr Studienthemen schätzen als bei Veranstaltungen in späteren Studiensemestern. Das ist mit komplexer werdenden Fragestellungen erklärbar. In meinem eigenen Lehrumfeld variiert die Zahl der Studienthemen zwischen 50 und 110.

3.3   Grobplanung

Auf Basis der Schätzung zur Anzahl der Studienthemen und der (geschätzten) Anzahl der Teilnehmer am Agilen Studieren können Sie abschätzen, wie groß der Aufwand für die Rückmeldungen wird. Dabei gehe ich hier von 6 Studienphasen, also auch 6 Rückmeldungen im Semester aus.

Die Anzahl der Studiengruppen ermitteln Sie, indem Sie die Anzahl der Teilnehmer durch 6 (= maximale Mitgliederanzahl pro Gruppe) teilen und zur nächstgrößeren Zahl runden. Bei 40 Teilnehmern ergäben sich so 7 Studiengruppen.

In der Praxis bearbeiten die Studiengruppen durchschnittlich nicht mehr als 80 % der Studienthemen. Bei angenommenen 60 Studienthemen sind werden also pro Gruppe durchschnittlich 48 Themen bearbeitet, insgesamt somit 336 Lösungsvorschläge pro Semester. Pro Studienphase bewerten Sie durchschnittlich 56 Lösungsvorschläge (336 Themen geteilt durch 6 Studienphasen). Wenn Sie pro Lösungsvorschlag 2 min benötigen, so wenden Sie damit alle 2 Wochen knapp 2 Stunden für die Rückmeldungen auf. Das passt gut zu einer Vorlesung mit 2 Semesterwochenstunden.

Sollte Ihnen der Aufwand zu groß sein, oder gibt es organisatorische Hindernisse, so spricht nichts dagegen, das Agile Studieren nur für einen Teil der Vorlesungszeit zu verwenden. Sie könnten es in den letzten 6–7 Wochen der Vorlesungszeit einsetzen und alle 2 Wochen Ihren Teilnehmer Rückmeldung geben. Die Anzahl der Studienthemen verringert sich in diesem Szenario. Weniger als 6 Wochen sollten Sie nicht einplanen. Damit Agiles Studieren für die Studiengruppen nutzbringend wird, müssen diese auch in der Lage sein, auf Ihre Rückmeldungen angemessen zu reagieren.

Die Zahl der über eine Schätzung ermittelten Lösungsvorschläge pro Semester (im Beispiel: 336) bildet die Grundlage für Ihre Entscheidungen, wie Lösungsvorschläge dokumentiert und an Sie kommuniziert werden und wie Sie Rückmeldungen geben.

3.4   Kommunikationsdesign

Nun gilt es zu ermitteln, welche Werkzeuge/Infrastruktur Sie bei der Verwaltung von angenommenen 336 Lösungsvorschlägen pro Semester unterstützen kann. Hierbei kommt es sehr auf die Ihnen zur Verfügung stehenden Werkzeuge, wie auch auf die allgemeine Organisation der Lehre an.

Im einfachsten Fall entscheiden Sie sich für die Papierform. Dazu erstellen Sie sich mit einer Textverarbeitungssoftware ein Muster, mit dem Sie Studienthemen formulieren möchten (siehe Abschn. 2.5). Sie nutzen für jedes Studienthema eine Seite, in der Sie die Aufgabe formulieren und Platz für Lösungsvorschläge, wie auch für Ihre Rückmeldung frei lassen. Die so entstandene Datei drucken Sie pro Studiengruppe einmal aus und verteilen Sie an die Gruppen. Alternativ senden Sie die Datei im PDF-Format an jede Studiengruppe, damit diese die Seiten selbst ausdrucken.

Bei eher einfach aufgebauten Lernplattformen gibt es alternativ meist die Möglichkeit, dass Teilnehmer Lösungen als Datei hochladen dürfen. Häufig heißen die entsprechenden Objekte „Übungen". Auch in diesem Fall können Sie Ihre Studienthemen mithilfe einer Textverarbeitungssoftware erstellen und an die Studiengruppen verteilen. Diese müssen bearbeitete Themen als Datei isoliert auf die Plattform hochladen. Dabei hilft es, sich auf Namenskonventionen zu einigen.

Manche Lernplattformen bieten explizit die Möglichkeit, Übungsaufgaben an Gruppen zu vergeben. Dies ist zum Beispiel bei der Plattform ILIAS[1] ab der Version 5.1 der Fall, wie auch in der aktuellen Version von Moodle[2]. Bei anderen Plattformen müssen Sie ggf. selbst recherchieren.

Natürlich können Sie sich auch, bei genügender Vorlaufzeit, für ein Issue-Tracking-System[3] oder die von mir entwickelte Software entscheiden. In beiden Fällen benötigen Sie wahrscheinlich Hilfsleistungen des Rechenzentrums Ihrer Hochschule oder alternativer Einrichtungen.

Je nachdem, wie Sie sich entschieden haben, können Sie nun den Bestand an Studienthemen erstellen.

---

[1]https://www.ilias.de/.

[2]https://moodle.org/.

[3]Zum Beispiel Trac (http://trac.edgewall.org/).

3.5   Der erste Präsenztermin

Der erste Präsenztermin dient der Information der Teilnehmer über das neue (Lern-) Vorgehen und der Bildung von Studiengruppen. Im einfachsten Fall zeigen Sie das Ablaufdiagramm zum Agilen Studieren (Abb. 2.1) und erlauben den Teilnehmern sich selbst Gruppen zu je 6 Mitgliedern zuzuordnen. Es vereinfacht die spätere Kommunikation mit den Gruppen, wenn jede Studiengruppe Ihnen einen Gruppensprecher nennt.

Nach der Gruppenbildung und nach einer gruppeninternen Kennenlernphase geben Sie eine kurze Übersicht zu den Studienthemen. Dabei bietet sich eine dem Fach angemessene Gliederung an. Am Beispiel einzelner Themen können Sie Ihre Akzeptanzkriterien erläutern und wie Sie von den Gruppen das Einreichen eines Lösungsvorschlags erwarten.

Anschließend sollten Sie Ihre Planung zu den Abgabeterminen präsentieren, damit Sie rechtzeitig Rückmeldungen geben können. Mit einer Übersicht, wie die weiteren Präsenztermine ablaufen können, beenden Sie Ihre Präsentation. Danach können Sie den Teilnehmern die Gestaltung des ersten Präsenztermins übergeben. Erfahrungsgemäß gibt es viele Fragen, besonders wenn die Teilnehmer bisher keinen Kontakt zu agilen Methoden hatten. Nach Beantwortung der Fragen sollten die Gruppen planen, welche Studienthemen in der ersten Studienphase bearbeitet werden sollen und dann auch gleich damit beginnen.

Auf der Webseite zum Agilen Studieren finden Sie eine Präsentation, die Sie für Ihre Zwecke verwenden können.

3.6   Weitere Präsenztermine

Als Ablauf für die Präsenztermine hat sich bewährt, dass Sie zunächst die Punkte ansprechen, die viele Gruppen betreffen. Das kann eine Übersicht zu den Rückmeldungen sein, oder die Beantwortung häufiger und/oder wichtiger Fragen.

Danach bitten Sie die Teilnehmer Schwierigkeiten anzusprechen, die ebenfalls viele Gruppen betreffen könnten. Wenn es Ihnen sinnvoll erscheint, oder Sie von Teilnehmern gebeten werden, setzen Sie dann einzelne Impulse, indem Sie zum Beispiel ein Themengebiet übersichtsartig vorstellen. Damit lernen die Gruppen, wie die Themen aus diesem Gebiet zusammenhängen und bearbeitet werden sollen. Zum Schluss gehen Sie auf gruppenspezifische Probleme mit den jeweiligen Gruppen einzeln ein.

Wenn Sie für sich und Ihre Teilnehmer einen anderen Ablauf bevorzugen, sollten Sie diesen explizit kommunizieren, idealerweise auch dokumentieren. In meinen Veranstaltungen dauern Präsenztermine manchmal nur 15–30 min, bei 2–4 Semesterwochenstunden. Die restliche Zeit nutze ich für die Bewertung von Lösungsvorschlägen mit Erstellung der Rückmeldungen.

3.7   Bewertung und Rückmeldungen

Während bei Vorlesungen der Schwerpunkt auf Ihrer zeitgebundenen Präsenz im Raum liegt, verlagert sich dieser beim Agilen Studieren teilweise auf die Bewertung der eingereichten Lösungsvorschläge. Diese können Sie nach eigener Zeiteinteilung durchführen. Trotzdem sollten Sie Bewertung und Rückmeldung einigermaßen regelmäßig und zeitnah vornehmen.

Mit dem Abgabetermin erhalten Sie eine Vielzahl von Lösungsvorschlägen. Im Rechenbeispiel waren es durchschnittlich 56 pro Studienphase. Im ersten Schritt ist es hilfreich, diese nach Themen zu sortieren, nicht nach Studiengruppen. Das mindert den Aufwand, da Sie sich bei vielen Studiengruppen so nur einmal die angemessene Lösung vergegenwärtigen müssen.

Im zweiten Schritt sollten Sie einen Lösungsvorschlag auf die von Ihnen festgelegten Akzeptanzkriterien prüfen. Sollten Sie zum Beispiel ein bestimmtes Dateiformat oder wissenschaftlich akzeptierte Quellen gefordert haben und die Gruppe hat in ihrem Lösungsvorschlag diese Kriterien nicht umgesetzt, so können Sie den Lösungsvorschlag gleich ablehnen und der Gruppe zur Überarbeitung zurückgeben.

Im dritten Schritt bewerten Sie den Lösungsvorschlag inhaltlich und geben gruppenspezifische Rückmeldungen. Es kann durchaus sinnvoll sein, unterschiedliche Gruppen trotz sehr ähnlicher Lösungsvorschläge unterschiedlich zu bewerten. Von einer sehr leistungsorientierten Gruppe können Sie eine präzisere Bearbeitung fordern, als von einer Gruppe, die erst noch zum Team werden muss. Bei letzterer Gruppe kann eine zu strenge Bewertung die Motivation erheblich senken.

▶   **Tipp**

- Filtern Sie frühzeitig
- Nach Themen sortieren, nicht nach Gruppen
- Nach Verletzung der Kriterien suchen
- Inhaltliche Bewertung und Rückmeldung
- (Fehl-) Muster entdecken
- Zusammenfassend visualisieren

Nachdem Sie so alle Lösungsvorschläge dokumentiert bewertet haben, sollten Sie überlegen, ob bei der Bearbeitung bestimmte Muster aufgetreten sind. Wenn zum Beispiel eine Gruppe eher zu wenig Lösungsvorschläge abgibt, oder Studienthemen zu wenig angemessen bearbeitet wurden, dann können Sie diese Gruppe während des nächsten Präsenztermin gezielt ansprechen und mögliche Schwierigkeiten moderieren.

Wenn Sie Studienthemen mit einem hohen Schwierigkeitsgrad dokumentiert haben, werden diese oft erst spät im Semester bearbeitet. Das ist für den Lernerfolg kontraproduktiv. Durch eine frühzeitige Bearbeitung bekommen Studiengruppen schneller und häufiger Rückmeldungen und können so diese Schwierigkeit meistern. Auch dieses können Sie während des nächsten Präsenztermins ansprechen.

Ein anderes Muster könnte sein, dass nur wenige Gruppenmitglieder regelmäßig Studienthemen bearbeiten und manche nur den Lösungsvorschlägen der anderen zustimmen. Es kann auch vorkommen, dass Lösungsvorschläge unterschiedlicher Gruppen identisch, weil kopiert sind. Dies wäre nicht immer negativ zu bewerten, denn auch eine gruppenübergreifende Zusammenarbeit fördert viele Kompetenzen. Ich prüfe in solchen Situationen durch geeignete Fragen während des Präsenztermins, ob alle Gruppenmitglieder den Lösungsvorschlag auch wirklich verstanden haben.

Zum Abschluss Ihrer Rückmeldungen könnten Sie die Ergebnisse übersichtsartig visualisieren, indem Sie zum Beispiel für jede Gruppe die Anzahl der erfolgreich bearbeiteten Themen mit dem Zeitverlauf in Beziehung setzen. Damit können Sie gut den nächsten Präsenztermin beginnen.

Überlegen Sie auch für sich selbst, ob Sie bestimmte Muster erkennen, mit denen Sie den Prozess des Bewertens und Rückmeldens qualitativ oder quantitativ verbessern können. Vielleicht ist es für Sie einfacher, wenn die Studiengruppen ihre Lösungsvorschläge mithilfe einer Präsentationssoftware dokumentieren, anstelle einer Textverarbeitungssoftware. Variieren Sie! Ihnen sind dabei wenig Grenzen gesetzt. Agiles Studieren ist auch ein agiles Lehren.

Varianten

Sie kennen die Grundstruktur des Agilen Studierens und integrieren diese in Ihre eigene Veranstaltung. Wie jede agile Methode müssen Sie sich nicht fest an bestimmte Abläufe binden, sondern können die Methode variieren. Damit ergibt sich ein gleitender Übergang von einer vollständig geplanten Veranstaltung bis hin zu einem Lehren mit aktiver Präsenz im Zentrum.

4.1 Planung durch Studiengruppen

In der Grundstruktur des Agilen Studierens bearbeiten Studiengruppen die Studienthemen nacheinander ohne große Planung. Sobald ein Gruppenmitglied einen Lösungsvorschlag erstellt hat, wendet es sich dem nächsten Studienthema zu. Die Auswahl erfolgt häufig ohne Koordination mit den anderen Mitgliedern, manchmal nach einer vorab bestimmten Strategie. Jede Gruppe bearbeitet so viele Themen, wie Zeit bis zum Abgabetermin zur Verfügung steht und wie viel Aufwand jedes einzelne Gruppenmitglied leisten kann und möchte.

Sofern jedes Gruppenmitglied genügend Disziplin mitbringt und die Gruppe den eigenen Lernfortschritt im Vergleich zum Restbestand an Studienthemen im Auge behält, ist gegen diese Strategie nichts einzuwenden.

Allerdings ist es für Lernprozesse nicht förderlich, wenn die meisten Studienthemen schon zu Beginn der Vorlesungszeit bearbeitet sind (die Prüfung schließt fast immer das Semester ab) oder wenn die Bearbeitung zeitlich nach hinten verschoben wird. Im Extremfall ergibt sich eine gewisse Beliebigkeit bei der Bearbeitung, zusammen mit geringer Motivation.

Dieser Schwierigkeit kann mit einer präziseren Planung begegnet werden. Hierbei nähert sich das Agile Studieren weiter der agilen Methode *Scrum*

© Springer Fachmedien Wiesbaden GmbH, ein Teil von Springer Nature 2019
D. Stern, *Agiles Studieren*, essentials,
https://doi.org/10.1007/978-3-658-23365-5_4

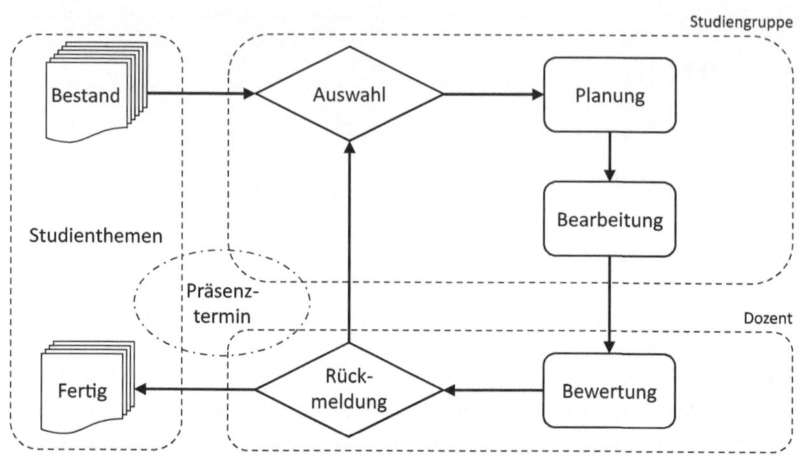

Abb. 4.1 Basisvariante mit zusätzlicher Planung

(Schwaber und Sutherland 2018) an: die Gruppenmitglieder planen zu Beginn jeder Studienphase genau, welche Studienthemen bearbeitet und innerhalb der Gruppe abgestimmt werden sollen. Ebenso sollte die Gruppe festlegen, welches Mitglied für die Fertigstellung welcher Themen verantwortlich[1] ist. Diese Planung sollte von der Studiengruppe nachvollziehbar dokumentiert werden (vgl. Abb. 4.1).

Nach Erhalt der Rückmeldungen kann die Studiengruppe die Planung mit der Abgabe und der Bewertung vergleichen und daraus eigene Rückschlüsse ziehen. Wurden zum Beispiel weniger Lösungsvorschläge erstellt als geplant, sollte die Studiengruppe klären, woran dies liegen könnte. Vielleicht hat sich die Gruppe zu viel vorgenommen, es traten unvorhergesehene Schwierigkeiten bei der inhaltlichen Bearbeitung auf, waren Gruppenmitglieder nicht erreichbar, usw. Derlei Herausforderungen lassen sich mit einer Planung zu Beginn jeder Phase schneller entdecken.

Sie können als Dozent die Planung der Studiengruppe während der Präsenzzeit moderierend und/oder beratend unterstützen. Weisen Sie auf Ihr Angebot immer mal wieder explizit hin. Nach der Methode *Scrum* agieren Sie dabei als sog. *Scrum Master.*

---

[1]*Verantwortlich* bedeutet nicht, dass das Gruppenmitglied den Lösungsvorschlag (allein) fertigstellen soll, sondern, dass das Mitglied dafür sorgt, dass die Gruppe nicht vergisst, den Lösungsvorschlag zu erstellen. Evtl. unterstützt das Mitglied bei der Erstellung.

Auf Basis der Planung kann die Studiengruppe auch ihr Lerntempo ermitteln, nämlich die Anzahl erfolgreicher Lösungsvorschläge pro Phasendauer. Damit kann die Gruppe abschätzen, wie viele Studienthemen sie bis zum Ende der Vorlesungszeit bearbeiten kann. Liegt diese Schätzung unter der Gesamtzahl an Studienthemen, so kann die Gruppe rechtzeitig reagieren. Sie könnte versuchen, Lösungsvorschläge angemessener zu bearbeiten, um das Lerntempo zu erhöhen. Oder die Gruppe trifft eine Auswahl besonders relevanter Studienthemen, um wenigstens diese erfolgreich zu bearbeiten.

4.2   Retrospektive

Zu Beginn eines Präsenztermins geben Sie als Dozent den Studiengruppen eine Übersicht der Rückmeldungen der aktuellen Studienphase. Damit stellen Sie den Studiengruppen Ihre Sicht der Dinge dar. Hatten Sie Ähnliches schon während des letzten Präsenztermins präsentiert, könnten Studiengruppen Schwierigkeiten haben, Ihre Rückmeldungen zur Änderung des Lernverhaltens oder der Themenbearbeitung zu nutzen.

Um den Prozess der Integration Ihrer Rückmeldungen in ein neues Lernverhalten der Studiengruppe zu unterstützen, bietet sich das Konzept der *Retrospektive* (auch: *Rückschau*) an.

Bevor eine Studiengruppe die nächste Studienphase plant, oder ohne Planung gleich mit der Erstellung weiterer Lösungsvorschläge beginnt, sollte sie folgende drei Fragen beantworten:

1. Was ist in der letzten Studienphase gut gelaufen, damit wir als Gruppe dies auch für die nächsten Phasen übernehmen können?
2. Was war während der letzten Studienphase verbesserungswürdig[2], und wer verbessert dies bis wann durch welche Maßnahmen?
3. An welche sonstigen Ereignisse der letzten Studienphase wollen wir uns erinnern?

Diese Fragen soll die Studiengruppe für sich beantworten. Wichtig ist auf Schuldzuweisungen zu verzichten. Die notwendige Diskussion bleibt, wie die Antworten, innerhalb der Gruppe. Ausnahme: alle Gruppenmitglieder stimmen zu, die

---

[2]Das Wort *verbesserungswürdig* ist viel konstruktiver als die Phrase *schlecht gelaufen.*

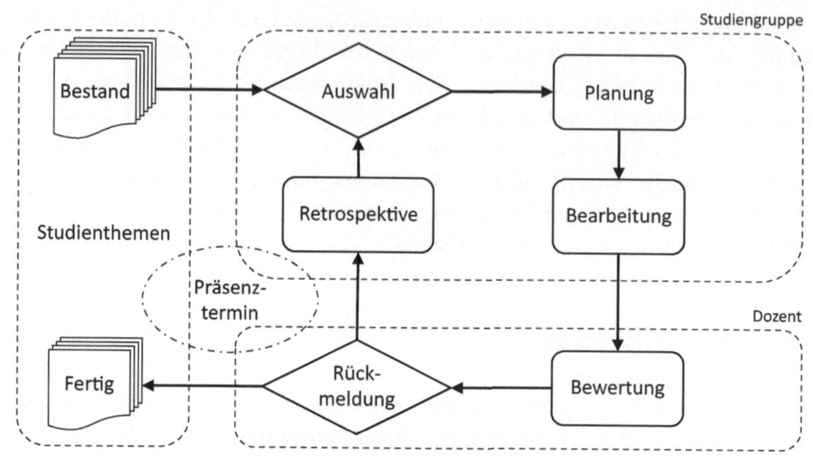

Abb. 4.2 Basisvariante mit zusätzlicher Retrospektive (und Planung)

Erkenntnisse anderen Gruppen zugänglich zu machen. Sie als Dozent können hierbei Ihre Rolle als Moderator anbieten (vgl. Abb. 4.2).

Retrospektiven lassen sich für einzelne Studiengruppen einsetzen. Es ist nicht unbedingt nötig, bei allen Studiengruppen Retrospektiven durchzuführen. Zusammen mit der Planung durch Studiengruppen können Retrospektiven der Gruppe helfen, Themen erfolgreicher zu bearbeiten. Beide Varianten ergänzen sich. Eine Retrospektive erleichtert die nachfolgende Planung, eine Planung führt meist zu einer stringenteren Retrospektive. Ob Sie zuerst die Planung durch Studiengruppen anregen oder die Durchführung von Retrospektiven, hängt stark vom Stand der Teambildung ab. Einer Studiengruppe, die noch nicht wirklich zu einem Team geworden ist, hilft meist eine bessere Planung. Umgekehrt sind Retrospektiven oft bei gewachsenen Gruppen hilfreicher.

4.3   Den Prozess verbessern

In manchen Studiengruppen werden viele Lösungsvorschläge erarbeitet, ohne dass diese innerhalb der Gruppe abgestimmt wurden. Ursache ist meist eine Themenbearbeitung nur durch einzelne Gruppenmitglieder in ihrer jeweils persönlichen Umgebung. Zur Abstimmung der Lösungsvorschläge sollte sich die Gruppe idealerweise persönlich treffen. Die Koordination für solche Treffen wird von diesen Gruppen gerne vernachlässigt. Damit wird die notwendige

Abstimmung entweder auf den Präsenztermin verschoben oder nur informell und halbherzig nebenher durchgeführt.

Sie können dieses Verhalten auch an der sehr späten Zustimmung der anderen Gruppenmitglieder zu einem Lösungsvorschlag erkennen, nämlich erst kurz vor dem Abgabetermin. Häufig geht dies mit einer offensichtlich nicht angemessenen Themenbearbeitung einher. Zum Beispiel fordern Sie für ein Thema die Recherche von Beispielen, diese werden aber nicht angegeben. Hätten andere Gruppenmitglieder dem Lösungsvorschlag nicht unter Zeitdruck (weil zu spät angesehen) und nur pro forma zugestimmt, hätten diese das Fehlen von Beispielen leicht entdecken können.

Problematisch an diesem Vorgehen ist zusätzlich die schleichende Einführung von Multitasking. Bei vielen offenen Themen muss man sich als Gruppenmitglied immer wieder in das Thema einlesen, die Aufgabe verstehen und mit dem Lösungsvorschlag abgleichen. Solche mentalen Rüstzeiten kosten der Gruppe Zeit, die für eine qualitativ angemessenere Themenbearbeitung verloren geht.

Diesem Problem wirken Sie entgegen, indem Sie die Zahl der in Bearbeitung befindlichen Themen begrenzen. Zum Beispiel könnten Sie vorgeben, dass pro Studiengruppe nur so viele Themen bearbeitet werden wie es Gruppenmitglieder gibt. Sollen weitere Themen bearbeitet werden, müssen die Gruppen den Lösungsvorschlägen gemeinsam zustimmen, um so die Anzahl der in Bearbeitung befindlichen Themen zu reduzieren.

Eine theoretische Grundlage für dieses Vorgehen ist *Kanban* in der Softwareentwicklung (Anderson 2003), wie auch *Personal Kanban* (Benson und De Maria Barry 2013). Dabei wird versucht, durch eine (künstliche) Beschränkung den Durchsatz zu erhöhen.

In der Praxis führt die Beschränkung zu einer häufigeren Abstimmung innerhalb der Gruppe. Ohne eine solche Beschränkung kann jedes Gruppenmitglied, bis kurz vor dem Abgabetermin, isoliert Themen bearbeiten und Lösungsvorschläge „auf Halde" produzieren. Mit der Beschränkung muss jedes Gruppenmitglied regelmäßig die Gruppe kontaktieren, damit diese dem Lösungsvorschlag zustimmt. Zugleich wird Multitasking verringert, da immer nur eine geringe Anzahl von Themen in Bearbeitung ist. Effektiv verbessert sich die Leistung der Studiengruppe.

Zusätzlich tritt ein anderer Effekt zutage. Einzelne Gruppenmitglieder können mehr Themen bearbeiten, wenn sich andere mit ihrem Engagement zurückhalten. Manchmal ist diese Zurückhaltung nur sporadisch. Wenn ein Gruppenmitglied nun wieder Themen bearbeiten möchte, kann dies aber wegen der Beschränkung nicht erlaubt sein. Damit ist dieses Gruppenmitglied gezwungen, erst einmal für eine ausreichende Zustimmung anderen Lösungsvorschläge zu sorgen, oder ein anderes Gruppenmitglied bei dessen Themenbearbeitung zu unterstützen. Dies fördert die Kommunikation in der Gruppe und erleichtert es allen Gruppenmitgliedern, sich den aktuellen Stand des Lernens zu vergegenwärtigen.

Die Vorgabe der Beschränkung ist ein kritischer Faktor. Engagieren sich zu wenige Gruppenmitglieder, so ist die Beschränkung für die aktiven Mitglieder weniger wirksam. Aber auch wenn alle Mitglieder aktiv sind, müssen Sie als Dozent darauf achten, ob Qualität und Durchsatz besser werden. Ggf. müssen Sie gruppenspezifisch die Beschränkung verstärken. Eine zu starke Beschränkung kann allerdings das Arbeiten in der Studiengruppe abwürgen. Im Extremfall könnte man fordern, pro Gruppe nur ein einziges Thema zu bearbeiten, in der Hoffnung, dass die gesamte Gruppe ihre Energie auf dieses eine Thema konzentriert. Dies setzt aber voraus, dass alle Gruppenmitglieder immer gemeinsam und zeitgleich an einem Thema arbeiten könnten. In der Praxis ist das fast nie der Fall.

In einer Retrospektive kann die Beschränkung für jede Studienphase überprüft und ggf. angepasst werden. Damit könnte die Vorgabe der Beschränkung nach einigen Phasen auch von der Gruppe selbst vorgenommen werden.

4.4   Visualisierung

Vielen Studiengruppen hilft es, wenn der Stand der Themenbearbeitung visualisiert wird. Auch Ihnen als Dozent kann eine angemessene Visualisierung helfen, mögliche Schwierigkeiten in Studiengruppen zu entdecken. Eine Visualisierung kann auf vielerlei Arten für unterschiedliche Zwecke erfolgen.

Einige Visualisierungen lassen sich direkt den Werkzeugen zur Verwaltung des Agilen Studierens entnehmen, für andere reicht meist eine Tabellenkalkulation mit integrierter Visualisierungsmöglichkeit, zum Beispiel LibreOffice Calc oder Microsoft Excel.

4.4.1   Lernfortschritt

Ein erfolgreich bearbeitetes Thema kann den Lernfortschritt der Studiengruppe beschreiben. Damit lässt sich mit einfachen Mitteln eine Visualisierung des Lernfortschritts erstellen: man zählt die erfolgreich bearbeiteten Themen und stellt die Änderung dieser Zahl als Zeitdiagramm dar (vgl. Abb. 4.3).

Diese Visualisierung kann zum Beispiel durch Einführung einer Soll-Linie verbessert werden, um den Gruppen während der Studienphasen einen Anhaltspunkt zu geben. Zusätzlich könnte in den ersten Studienphasen eine

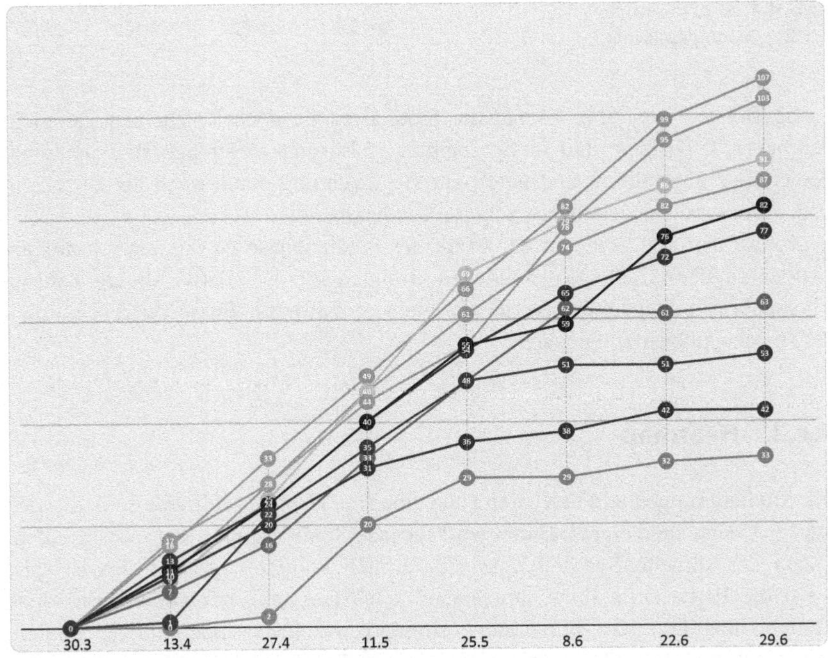

Abb. 4.3 Lernfortschritt am Semesterende

Hochrechnung vorgenommen werden. Damit wird den Studiengruppen die Konsequenz ihrer bisherigen Bearbeitungsintensität aufgezeigt. Ziel sollte es sein, erst mit der letzten Studienphase alle Themen erfolgreich bearbeitet zu haben.

Eine Hochrechnung sollte nicht nur auf der Zahl der erfolgreich bearbeiteten Themen basieren, sondern auch auf dem Quotienten von bearbeiteten zu erfolgreich bearbeiteten Themen. Andernfalls kann es bei einer fleißigen, aber qualitativ unterdurchschnittlich arbeitenden Studiengruppe zu Fehlschlüssen kommen.

4.4.2 Bearbeitungsschritte

Ergänzend zum Lernfortschritt kann auch der aktuelle Stand der Bearbeitung dargestellt werden. Hier ist der zeitliche Verlauf meist weniger relevant, als vielmehr eine Augenblicksmeldung (vgl. Abb. 4.4).

Abb. 4.4 Visualisierung
der Bearbeitungsschritte

Im Beispiel aus Abb. 4.4 hat die Studiengruppe noch 27 Themen gar nicht bearbeitet, 4 Themen sind in Bearbeitung, 5 Lösungsvorschläge sind innerhalb der Gruppe abgestimmt und bereit zur Begutachtung durch mich als Dozenten. 73 Lösungsvorschläge wurden angemessen bearbeitet.

Sofern dies der Stand in der Mitte der Studienphase ist, könnte ich auf die Gruppe zugehen und nach möglichen Gründen für die relativ geringe Zahl an Themenbearbeitungen fragen, da (in meinem Fall) pro Phase durchschnittlich 16 Themen zu bearbeiten wären.

4.4.3 Heatmap

Für Studiengruppen und Dozenten kann eine sog. *Heatmap* hilfreich sein, die sich gut für Übersichten eignet. Dabei wird für jede Studiengruppe und jedes Studienthema der aktuelle Bearbeitungsstand farblich kodiert angezeigt. Im Beispiel weist die Farbe Grün (bzw. aufsteigend schraffiert) auf erfolgreich bearbeitete Themen hin, Gelb (bzw. horizontal gestreift) kennzeichnet innerhalb der Studiengruppe abgestimmte Themen, Orange (bzw. absteigend schraffiert) visualisiert Themen in Bearbeitung. Nach der Begutachtung zurückgegebene Lösungsvorschläge sind Rot (bzw. vertikal gestreift) visualisiert und bisher unbearbeitete Themen Weiß (vgl. Abb. 4.5).

Damit können Sie zum Beispiel erkennen, ob die Studiengruppen bei bestimmten Themen allgemein Schwierigkeiten haben oder wie weit der Lernfortschritt einzelner Studiengruppen ist (auch im Verhältnis zu allen Gruppen).

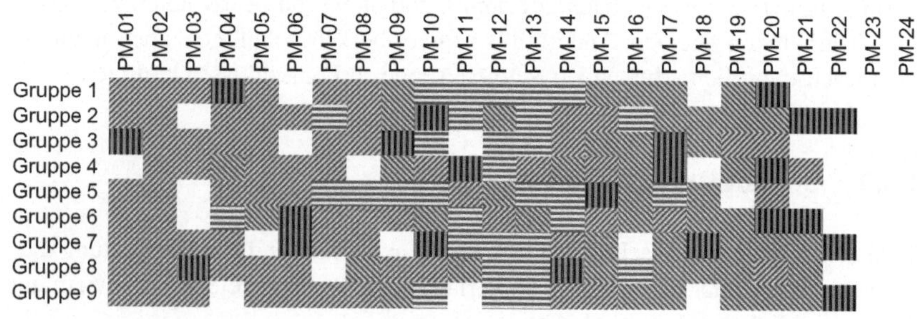

Abb. 4.5 Heatmap als Übersichtsdarstellung

4.4.4 Papierform

Sofern es eigene Räumlichkeiten für die Teilnehmer gibt, zum Beispiel durch einen Klassenverband, können Visualisierungen auch manuell auf Papier erstellt und im Raum angebracht werden. Die Themen können durch Klebe-/Haftzettel dargestellt und so gut gruppiert werden. Änderungen am Bearbeitungszustand werden durch Ablösen und Wiederanbringen der Zettel umgesetzt. Die Studiengruppen erstellen damit ihre Visualisierungen selbst und erhalten so ein besseres Gefühl für den Lernfortschritt.

Sind keine eigenen Räumlichkeiten vorhanden, so können geeignete Mappen im Format DIN-A0 (aus Karton) nützlich sein. Damit werden papierne Visualisierungen transportierbar. Voraussetzung ist ein geeigneter Lagerplatz.

Auch wenn Visualisierungen in Papierform scheinbar an vielen Hochschulen organisatorisch schwer möglich sind, sollten sie dennoch in Betracht gezogen werden.

Schwierigkeiten und mögliche Lösungen

In diesem Kapitel möchte ich auftretende Schwierigkeiten und entsprechende Lösungsideen kurz anreißen. Interpretieren Sie diese Ideen als Anregungen, nicht als Rezepte. Was in vielen (Lern-) Umgebungen erfolgreich ist, muss nicht in allen Umgebungen zum Erfolg führen.

5.1 Gruppen arbeiten nicht mit

Meist liegt dies an der zunächst ungewohnten Lernform. Die Studenten können nicht mehr nur passiv zuhören, sondern müssen aktiv und in der Gruppe koordiniert mitarbeiten.

Häufig hilft es, wenn Sie zu Beginn nicht vollständig auf einen Vorlesungsteil verzichten. Sie können zu den Präsenzterminen verkürzte Vorlesungen anbieten, bei denen Sie nur einen Überblick geben, den Zusammenhang mit bestimmten Studienthemen herstellen, Lösungsideen anbieten, aber nicht zu sehr ins Detail gehen. Sie können die Dauer der „Impulsvorlesungen" kontinuierlich verringern, damit sich alle Teilnehmer an die neue Lernform gewöhnen.

5.2 Unterdurchschnittliche Themenbearbeitung zu Beginn

Mithilfe der Anzahl der Studienthemen und der Anzahl der Studienphasen lässt sich ausrechnen, wie viele Themen jede Gruppe pro Phase im Durchschnitt erfolgreich bearbeitet sollte. Liegt während der ersten 2–3 Phasen die tatsächliche Anzahl der Lösungsvorschläge pro Phase unterhalb dieses Durchschnitts,

© Springer Fachmedien Wiesbaden GmbH, ein Teil von Springer Nature 2019
D. Stern, *Agiles Studieren*, essentials,
https://doi.org/10.1007/978-3-658-23365-5_5

ist davon auszugehen, dass Studiengruppen erst später im Semester mit der Bearbeitung beginnen.

Dadurch ergeben sich mindestens zwei negative Konsequenzen. Erstens erhalten die Studiengruppen durch die späte Bearbeitung erst spät eine Rückmeldung und können diese kaum in ihre Lernprozesse integrieren. Dies führt das Agile Studieren ad absurdum, denn Ziel ist auch ein kontinuierliches Lernen. Zweitens steigt die Arbeitsbelastung für die Gruppen und für Sie gegen Ende des Semesters stark an.

Diesem Verhalten können Sie entgegenwirken, indem Sie die Zahl der von Ihnen pro Studienphase und -gruppe zu bewertenden Lösungsvorschläge begrenzen. Gute Erfahrungen wurden mit dem doppelten Durchschnittswert an zu bearbeitenden Themen gemacht. Weisen Sie die Studiengruppen darauf hin. Sollten Studiengruppen weiter eine unterdurchschnittliche Anzahl von Themen bearbeiten, so würden diese am Ende der Vorlesungszeit zu vielen Themen keine Rückmeldung mehr von Ihnen erhalten. Dann müssten die Gruppen immer wieder entscheiden, zu welchen Themen eine inhaltliche Rückmeldung wirklich wichtig ist.

Sollten trotzdem mehr Lösungsvorschläge eingereicht werden als Sie vorgegeben haben, so wählen Sie nach Ihren eigenen Kriterien die Maximalzahl aus und verschieben die Bearbeitung der übrigen Themen auf die nächste Studienphase.

Sie können die Maximalzahl an Lösungsvorschlägen pro Studienphase auch variieren. Manche Studiengruppen sind zu Beginn (zu) sehr motiviert und nehmen sich zu viel vor. Mit einer Begrenzung auf den Faktor 1,5 des Durchschnittswerts an zu bearbeitenden Themen, den Sie erst später auf den Faktor 2 erhöhen, können Sie diesem Effekt begegnen.

5.3   Konflikte innerhalb der Studiengruppen

Hierfür gibt es unterschiedlichste Gründe. Sie sollten der Studiengruppe als Coach/ Moderator helfen, diese Gründe herauszufinden. Sie können Konfliktlösungen vorschlagen, aber die Gruppe muss diese selbst beschließen und umsetzen. Bei dauernden oder großen Konflikten sollten Sie in Betracht ziehen, die Gruppe aufzulösen oder aufzuteilen. Eine Zuordnung zu einer anderen Studiengruppe darf aber nur mit Einverständnis der aufnehmenden Gruppe vorgenommen werden.

Gründe können sein:

- Unterschiedliche Erwartungen
- Motivationsunterschiede
- Antipathien

- Zeitliche Verfügbarkeiten
- Mangelnde/unstetige Erreichbarkeit
- Kommunikationsprobleme
- Missverständnisse
- u. v. m.

5.4   Studiengruppen bearbeiten Themen erst am Ende einer Studienphase

Der häufigste Grund ist Prokastination. Sofern eine ausreichende Anzahl an Studienthemen in ausreichender Qualität bearbeitet wird, ist dagegen wenig auszusetzen. Häufig leitet allerdings die Qualität, da in kurzer Zeit viele unausgereifte Lösungsvorschläge entstehen, die in der Studiengruppe nur pro forma abgestimmt sind.

Sind Qualitätsprobleme schon durch genaues Lesen der Themenstellung und Vergleichen mit dem Lösungsvorschlag leicht erkennbar, so sollten Sie dies zunächst zu Beginn des nächsten Präsenztermins ansprechen. Ergibt sich danach wenig Besserung so können Sie den Gruppen vorschlagen, den Prozess zu verbessern (Abschn. 4.3). Sie sollten die Gruppen dabei als Coach/Mentor begleiten.

Alternativ bietet es sich an, die Dauer der Studienphase zu verkürzen. Dies betrifft dann aber alle Studiengruppen. Möglich ist dies, wenn Sie und die Studiengruppen eine angemessene Software zur Verwaltung des Agilen Studierens verwenden und auch zeitlichen Spielraum haben. Schließlich müssen Sie nun häufiger die Lösungsvorschläge bewerten und Rückmeldungen geben.

Hat sich das Lernverhalten der Studiengruppen verbessert, können Sie die Studienphasen ggf. auch wieder verlängern.

5.5   Dauer der Studienphasen

Die Festlegung der Dauer einer Studienphase ist eine einfache Variationsmöglichkeit zum Auflösen von Schwierigkeiten. Eine unangemessene Dauer kann aber zu einem Problem werden.

Durch eine längere Studienphase erhalten die Studiengruppen seltener Rückmeldungen und können weniger auf Lernprobleme reagieren. Gleichzeitig verringert sich der Verwaltungsaufwand, denn es sind auch weniger Planungen, Abstimmungen, Retrospektiven, Visualisierungen usw. nötig. Tendenziell unterfordern zu lange Studienphasen die Studiengruppen.

Eine zu kurze Studienphase bedeutet zwar schnelle Rückmeldungen und viel Gelegenheit, das Lernen zu verbessern. Umgekehrt steigt der oben beschriebene Verwaltungsaufwand. Manche Studiengruppen fühlen sich dadurch überfordert.

Die angemessene Dauer einer Studienphase zu ermitteln ist nicht leicht. Gute Erfahrungen wurden mit einer Dauer von 2 Wochen gesammelt. Dann gibt es 6 Termine für Rückmeldungen, aus denen die Studiengruppen ihre Rückschlüsse für die eigenen Lernprozesse ziehen können. Bei Bedarf kann die Dauer auf 1 Woche verkürzt oder auf 3 Wochen verlängert werden. Studienphasen mit einer Dauer von 4 oder mehr Wochen sollten Sie nur in Ausnahmefällen anwenden, wenn zum Beispiel die Dauer der Lehrveranstaltung nicht auf ein Semester beschränkt ist.

5.6   Nach Zuordnung zu Studiengruppen erscheinen neue Teilnehmer

Unabhängig wie Sie die Teilnehmer den Studiengruppen zugeordnet haben, es gibt immer Teilnehmer die erst nach der Gruppenbildung erscheinen. Hierfür gibt es unterschiedliche Strategien.

Bei einer zufälligen Zuordnung können Sie die zusätzlichen Teilnehmer ebenfalls zufällig existierenden Studiengruppen zuordnen. Achten Sie darauf, dass jede Studiengruppe nicht mehr als 7 Mitglieder hat. Sie können zusätzliche Teilnehmer auch einer neuen Studiengruppe zuordnen.

Wenn die Teilnehmer sich selbst den Studiengruppen zugeordnet haben, so können Sie die zusätzlichen Teilnehmer auffordern, sich selbst einer Gruppe anzuschließen. Die Gruppe muss hierbei zustimmen. Natürlich gilt auch hier die Regel von maximal 7 Mitgliedern. Alternativ bilden die zusätzlichen Teilnehmer eigene Gruppen.

Unabhängig davon sollten Sie klar kommunizieren, dass nach einer von Ihnen definierten Zeit keine weiteren Studenten am Agilen Studieren teilnehmen können. Jede Änderung der Zusammensetzung einer Studiengruppe bedeutet eine erneute Teambildung. Eine Aufnahme nach mehr als 3 Wochen halte ich für problematisch, vorbehaltlich von sonstigen Regelungen seitens der Hochschule. Jede Gruppe benötigt Zeit um zu einem Team zu werden.

5.7 Kritische Themen oder Meta-Themen werden nicht bearbeitet

Mit Meta-Themen habe ich Studienthemen bezeichnet, mit deren Hilfe die Teilnehmer das Agile Studieren besser lernen sollen und allgemeine Akzeptanzkriterien erarbeiten. Diese Themen und von Ihnen als kritisch/wichtig gekennzeichnete Themen sollten als erstes von den Studiengruppen bearbeitet werden.

Werden diese Themen dagegen spät bearbeitet, oder verzögert sich die Abstimmung innerhalb der Studiengruppe, so weist dies auf Probleme in der Gruppe oder auf Schwierigkeiten bei der Auswahl der Themen hin.

Schwierigkeiten bei der Themenauswahl sollten Sie gleich beim nächsten Präsenztermin ansprechen und ggf. die Auswahl durch einen Leitfaden unterstützen.

Die verspätete Bearbeitung ist oft ein guter Indikator für Schwierigkeiten innerhalb der Studiengruppe, selbst wenn andere der weiter oben angesprochenen Symptome noch nicht erkennbar sind.

5.8 Gruppeninterna

Was in einer Studiengruppe passiert, was Sie mit einer Gruppe besprechen, wie Sie die Gruppe coachen, welchen Entscheidungen Sie und die Gruppe treffen, das sollte immer innerhalb der Gruppe bleiben.

Sie werden feststellen, dass sich die Studiengruppen erheblich unterscheiden. Selbst bei ähnlicher Sachlage werden Sie aufgrund gruppenspezifischer Ereignisse und Eigenschaften zu unterschiedlichen Ergebnisse kommen und andere Entscheidungen treffen.

Verpflichten Sie sich und die Studiengruppen auf das sog. *(Las-) Vegas-Prinzip:*

> Was auch immer in Vegas passiert ist, das bleibt auch in Vegas.

Sprich, was in einer Gruppe passiert, das bleibt auch in der Gruppe und wird nicht nach außen getragen. Ausnahmen gibt es nur dann, wenn alle, wirklich alle Gruppenmitglieder dieser Ausnahme explizit zustimmen. Damit fördern Sie das zum Lernen notwendige Vertrauen und unterstützen die Teambildung.

Wie geht es weiter?

6

Sie haben die Grundlagen des Agilen Studierens kennengelernt. Ich habe Ihnen vorgestellt, wie Sie Agiles Studieren in Ihre Lehrveranstaltung integrieren können, mitsamt einiger Varianten. Häufiger auftretende Schwierigkeiten können Sie entgegen wirken. Sie können mit der Transformation zu einer agilen Hochschuldidaktik beginnen.

Jede Methode lebt von der Praxis. Probieren Sie Agiles Studieren aus! Wandeln Sie eine Vorlesung um, oder nur einzelne Lerneinheiten. Agiles Studieren gibt Ihnen und Studenten einen Rahmen vor, aber keine feste Regeln. Sammeln Sie Erfahrungen, was in Ihrer Umgebung funktioniert und was weniger gut. Nutzen Sie Erfahrungen anderer. Auch von anderen agilen Methoden lässt sich einiges lernen. In diesem *essential* wurden Varianten von Scrum und Kanban beschrieben. Warum nutzen Sie nicht Erkenntnisse aus *Extreme Programming* (→ „Extreme Learning“?) oder aus der *Crystal*-Familie?

Ich selbst betrachte es für mich als großen Gewinn, Studenten bei ihren Lernprozessen individuell unterstützen zu können. Studenten berichten mir, wie sie erkannten, für den eigenen Lernerfolg verantwortlich zu sein. Diese größer gewordene Selbstständigkeit kommt zusätzlich konventionellen Lehrveranstaltungen in späteren Semestern zugute, wie auch der Abschlussarbeit.

Viele Aspekte können in diesem *essential* nur angerissen werden, zum Beispiel das Thema „Führung mit agilen Methoden“. Sie als Dozent *führen* nämlich die Studenten didaktisch durch die Inhalte Ihrer Lehrveranstaltung. Glücklicherweise existiert zu dem Thema „Führung“ viel Literatur. Sie können auch viele Teilaspekte weiter vertiefen, wie zum Beispiel die Bildung von Studiengruppen oder die Formulierung von Studienthemen.

© Springer Fachmedien Wiesbaden GmbH, ein Teil von Springer Nature 2019
D. Stern, *Agiles Studieren*, essentials,
https://doi.org/10.1007/978-3-658-23365-5_6

Agiles Studieren ist nicht singulär entstanden, sondern bezieht sich auch auf Vorgänger und Parallelentwicklungen. *Lernteamcoaching* (Fleischmann und Geupel 2003) fokussiert sich auf die Bearbeitung von Lerntexten und größeren Lernaufgaben, die gruppenweise alle 3 Wochen mit dem Dozenten in persönlichen Sitzungen besprochen werden. *eduScrum* (http://eduscrum.nl/de/) wandelt die Prinzipien von *Scrum* leicht ab, um das Lernen im Klassenkontext (Schule, Berufsschule) effektiver zu gestalten. Weitere Alternativen sind das schon angesprochene *Flipped Classroom* (Brauer 2014), das sehr stark auf vorbereitendes Bearbeiten setzt, wie auch *Just-in-time teaching* (Novak et al. 1999), bei dem die Teilnehmer über Lösungsvorschläge dem Dozenten Hinweise zur Schwerpunktsetzung bei der Vorlesung geben.

Auf der Webseite https://agiles-studieren.de finden Sie weitere Informationen, auch zur unterstützenden Software. Teilen Sie mir Ihre Lösungsansätze für Ihre Schwierigkeiten mit. Ich veröffentliche diese, wie auch andere Hinweise oder Anregungen, gerne auf dieser Webseite (sofern Sie dazu einwilligen).

Agile Methoden sind nichts Starres, sondern passen sich den Gegebenheiten an. Damit sind sie für alle ein Hilfsmittel zum stetigen Lernen, nicht nur für Dozenten oder für Studenten.

Was Sie aus diesem *essential* mitnehmen können

- Grundlagen für eine agile Hochschullehre,
- Hinweise zur Transformation Ihrer eigenen Lehrveranstaltungen,
- Variationsmöglichkeiten,
- Erste Hilfe bei Schwierigkeiten.

© Springer Fachmedien Wiesbaden GmbH, ein Teil von Springer Nature 2019   47
D. Stern, *Agiles Studieren*, essentials,
https://doi.org/10.1007/978-3-658-23365-5

Glossar

Akzeptanzkriterien Inhaltsunabhängige Bedingungen, die Lösungsvorschläge erfüllen müssen, damit Sie als Dozent diese bewerten. Beispiel: Dateiformate, Zustimmungsquote (In Scrum: *Definition of Done*).

Bewertung Inhaltliche Begutachtung eines Lösungsvorschlags, der die Akzeptanzkriterien erfüllt. Sie dokumentieren die Bewertung über eine Rückmeldung (In Scrum: *Review*).

Lösungsvorschlag Dokumentiertes Ergebnis der Bearbeitung eines Studienthemas. Grundlage für die Bewertung.

Retrospektive Gruppeninterner Rückblick, um die Lernprozesse zu verbessern (In Scrum: *Retrospective*).

Rückmeldung Dokumentiertes Ergebnis der Bewertung auf Basis eines Bewertungsschemas. Sollte aus einer Allgemeinbewertung und einer Detailerklärung bestehen (In Scrum: *Feedback*).

Studiengruppe Gruppe von Studenten, die gemeinsam oder einzeln Studienthemen bearbeiten und gruppenintern Lösungsvorschläge abstimmen (In Scrum: *Team*).

Studienphase Ablauf von Auswahl der zu bearbeitenden Studienthemen, Bearbeitung der Studienthemen, Dokumentation der Lösungsvorschläge, Bewertung und Rückmeldung durch den Dozenten, mitsamt abschließender Präsenztermine (In Scrum: *Sprint*).

© Springer Fachmedien Wiesbaden GmbH, ein Teil von Springer Nature 2019
D. Stern, *Agiles Studieren*, essentials,
https://doi.org/10.1007/978-3-658-23365-5

Studienthema Einzelne Lernaufgaben oder Lernfrage, die von der Studiengruppe bearbeitet werden.

Werkzeug Software oder andere Hilfsmittel, um den Ablauf des Agilen Studierens zu unterstützen und zu erleichtern.

Literatur

Anderson, David J. 2003. *Agile management for software engineering*. Upper Saddle River: Prentice Hall.

Arn, Christof. 2016. *Agile Hochschuldidaktik*. Weinheim: Beltz Juventa.

Beck, Kent. 2004. *Extreme programming explained*, 2. Aufl. Upper Saddle River: Addison Wesley.

Beck, Kent, Mike Beedle, Arie van Bennekum, Alistair Cockburn, Ward Cunningham, Martin Fowler, James Grenning, et al. 2001. Manifesto of agile software development. http://agilemanifesto.org/. Zugegriffen: 27. Juli 2018.

Benson, Jim, und Tonianne De Maria Barry. 2013. *Personal Kanban*. Heidelberg: dpunkt-Verlag.

Brauer, Markus. 2014. *An der Hochschule lehren*. Berlin: Springer. https://doi.org/10.1007/978-3-642-42006-1.

Cockburn, Alistair. 2001. *Agile software development*. Boston: Addison-Wesley.

Fleischmann, Patrick, und Helmut Geupel. 2003. „Lernteamcoaching". In Beiträge zum 5. Tag der Lehre, herausgegeben von Michael Rentschler. Geschäftsstelle der Studienkommission für Hochschuldidaktik an Fachhochschulen in Baden-Württemberg. http://www.hochschuldidaktik.net/index.php?lg=de&main=_Tage_der_Lehre&site=06:03:00&id=480. Zugegriffen: 27. Juli 2018.

Hoogendoorn, Sander. 2013. *Das kleine Agile-Buch* (Pearson Business). München: Pearson.

Lodhi, Skander. 2017. *Computergestützte Erstellung studentischer Teams hinsichtlich Ergebnis und Lerneffekt*. Bachelorarbeit, Hochschule Heilbronn.

Novak, Gregor, Andrew Gavrin, Wolfgang Christian, und Evelyn Patterson. 1999. *Just-in-time teaching*. Upper Saddle River: Prentice Hall.

Philipp, Artur R. 2016. *Maturity model for agile software development teams*. Bachelor Thesis, Heilbronn University.

Reddy, Ajay. 2016. *The Scrumban [R]Evolution*. New York: Pearson.

Schwaber, Ken, und Jeff Sutherland. 2018. Scrum guides. http://www.scrumguides.org/. Zugegriffen: 27. Juli 2018.

Stöhler, Claudia, Claudia Förster, und Lars Brehm. 2018. *Projektmanagement lehren*. Wiesbaden: Springer-Gabler. https://doi.org/10.1007/978-3-658-18279-3.

© Springer Fachmedien Wiesbaden GmbH, ein Teil von Springer Nature 2019

D. Stern, *Agiles Studieren, essentials*,

https://doi.org/10.1007/978-3-658-23365-5